OS 7 HÁBITOS DOS CASAMENTOS ALTAMENTE EFICAZES

OS 7 HÁBITOS DOS CASAMENTOS ALTAMENTE EFICAZES

Stephen R. Covey
com
Sandra Covey   **John M. Covey**   **Jane P. Covey**

Tradução
Eduardo Ceschin Rieche

1ª edição

Rio de Janeiro | 2022

EDITORA-EXECUTIVA
Raïssa Castro

SUBGERENTE EDITORIAL
Rayana Faria

EQUIPE EDITORIAL
Mariana Gonçalves
Leandro Tavares
Ana Gabriela Mano

DESIGN DE CAPA
Juliana Misumi

COPIDESQUE
Ligia Alves

REVISÃO
Anna Beatriz Seilhe

DIAGRAMAÇÃO
Mayara Kelly

TÍTULO ORIGINAL
Die 7 Wege für glückliche Beziehungen

CIP-BRASIL. CATALOGAÇÃO NA PUBLICAÇÃO
SINDICATO NACIONAL DOS EDITORES DE LIVROS, RJ

C914s

Covey, Stephen R.
    Os 7 hábitos dos casamentos altamente eficazes : priorizando seu relacionamento em um mundo conturbado / Stephen R. Covey, Sandra Covey, John M. Covey, Jane P. Covey ; tradução Eduardo Ceschin Rieche. - 1. ed. - Rio de Janeiro : BestSeller, 2022.

    Tradução de: The 7 habits of highly effective marriage : making your relationship a priority in a turbulent world

    ISBN 978-65-5712-160-3

    1. Casamento. 2. Aconselhamento matrimonial. - 3. Relação homem-mulher. I. Covey, Sandra R. II. Covey, John M. III. Covey, Jane P. IV. Rieche, Eduardo Ceschin. V. Título.

22-75883

CDD: 306.81
CDU: 316.811

Meri Gleice Rodrigues de Souza - Bibliotecária - CRB-7/6439

Texto revisado segundo o novo Acordo Ortográfico da Língua Portuguesa.

Copyright © 2020 by GABAL Verlag.
This translation published by arrangement with GABAL Verlag.
Copyright da tradução © 2022 by Editora Best Seller Ltda.

Todos os direitos reservados. Proibida a reprodução,
no todo ou em parte, sem autorização prévia por escrito da editora,
sejam quais forem os meios empregados.

Direitos exclusivos de publicação em língua portuguesa para o Brasil
adquiridos pela
EDITORA BEST SELLER LTDA.
Rua Argentina, 171, parte, São Cristóvão
Rio de Janeiro, RJ – 20921-380
que se reserva a propriedade literária desta tradução

Impresso no Brasil
ISBN 978-65-5712-160-3

Seja um leitor preferencial Record.
Cadastre-se no site www.record.com.br e receba informações
sobre nossos lançamentos e nossas promoções.

Atendimento e venda direta ao leitor:
sac@record.com.br

Sumário

Prefácio 7
Introdução, por Stephen R. Covey 11

PRIMEIRA PARTE: INTRODUÇÃO A OS 7 HÁBITOS DOS CASAMENTOS
ALTAMENTE EFICAZES 17
    Entre o estímulo e a resposta 29
    Você tem o poder de escolher a sua
    resposta a qualquer conjunto de circunstâncias 35
    Os quatro dons humanos 41
    Sua vitória pública 49

SEGUNDA PARTE: CRIANDO UMA CULTURA DE CASAMENTO EFICAZ .. 57
    Os 4 Cs do casamento/parceria 61

HÁBITO 1   SEJA PROATIVO
    *Trazendo escolha e responsabilidade para
    o seu relacionamento* 67
    Pratique o Hábito 1 75

HÁBITO 2   COMECE COM O OBJETIVO EM MENTE
    *Trazendo propósito e visão para
    o seu relacionamento* 81
    Pratique o Hábito 2 87

HÁBITO 3 **PRIMEIRO O MAIS IMPORTANTE**
Arranjando tempo para o nosso tempo 95
Pratique o Hábito 3 99

HÁBITO 4 **PENSE GANHA/GANHA**
Desenvolvendo a confiança no seu relacionamento 103
Pratique o Hábito 4 111

HÁBITO 5 **PROCURE PRIMEIRO COMPREENDER, DEPOIS SER COMPREENDIDO**
Chegando ao cerne da comunicação 115
Pratique o Hábito 5 123

HÁBITO 6 **CRIE SINERGIA**
Considerando os pontos fortes de cada um 127
Pratique o Hábito 6 131

HÁBITO 7 **AFINE O INSTRUMENTO**
Renovando o espírito do relacionamento 135
Pratique o Hábito 7 141

Conclusão 145
Espaço para as suas reflexões pessoais 147
Definições dos 7 Hábitos 149
Sobre os autores 151
Sobre a FranklinCovey 152

Prefácio

Nos últimos 25 anos, viajamos o mundo todo, incluindo Ásia, Europa e Américas, ensinando os princípios e conceitos do livro *Os 7 hábitos das famílias altamente eficazes*. Como esperado, muitas das perguntas que recebemos se referem especificamente, e mais vigorosamente, à dinâmica de relacionamento, gratificante e também frustrante, entre parceiros adultos, casados ou não, que integram algo chamado "família". E queremos compartilhar com você algumas das lições que aprendemos. A primeira delas é a constatação de que não podemos e nunca poderemos definir o que são famílias ou casamentos. Alguns relacionamentos pressupõem o matrimônio, outros não, mas todos estão comprometidos com o sucesso da unidade familiar. Seja qual for a sua situação, a palavra escolhida para defini-la não importa! O que importa é o sucesso e a eficácia das pessoas que você ama e que o cercam todos os dias. Não importa a configuração da sua parceria e da sua família. O que importa é que você concorda que existe o casamento de duas mentes e de dois corações unidos pelo amor, pelo compromisso e por uma visão compartilhada do sucesso familiar.

Aprendemos que, em todas as culturas, a família não é apenas um grupo de pessoas vivendo juntas sob o mesmo teto — as famílias são sagradas, não importa sua forma ou seu tamanho. E, por serem sagradas, acreditamos que nós, os parceiros adultos, devemos investir tudo o que estiver ao nosso alcance para tornar a vida familiar feliz, enriquecedora e saudável. Relacionamentos familiares eficazes são vitais para o nosso bem-estar pessoal e para o bem-estar da nossa sociedade e do nosso futuro.

Ora, talvez você esteja se perguntando o que faz alguns parceiros mais eficazes, e outros menos. Existem princípios apropriados da eficácia humana para todos nós? A resposta é "sim"! Os hábitos da eficácia humana apresentados neste livro funcionam e funcionarão para você, independentemente das suas circunstâncias.

Existe um estudo intitulado Hard Wired to Connect [Projetado para se conectar, em tradução livre]. Ele foi publicado há alguns anos e é uma pesquisa científica séria — assinada por algumas das melhores mentes no campo das relações humanas. O estudo explica por que somos como somos, e o que os seres humanos precisam para prosperar emocionalmente. Resumindo: nascemos para nos conectarmos uns com os outros. Assim como o instinto de sobrevivência física, a mais imperiosa de todas as necessidades humanas é o desejo de se conectar. De fato, está provado que as pessoas que estabelecem e mantêm conexões humanas vivem mais e são mais felizes.

Problemas de relacionamento e na família não desaparecem de uma hora para outra. Na verdade, quanto mais o tempo passa, mais complicados eles se tornam. Portanto, o segredo não é simplesmente lidar com os problemas; é *como* se lida com eles. Isso é o que torna os relacionamentos felizes ou não. Costumamos comparar um relacionamento com um avião. Um avião conta sempre com um destino determinado, um plano de voo e equipamentos para manter o rumo. Acontece o mesmo com os relacionamentos. Você será bem-sucedido nos seus relacionamentos se possuir essas três coisas. Os 7 Hábitos são o seu plano de voo para relacionamentos mais satisfatórios e mais fortes.

Este livro ilustra e explora esse princípio atemporal de conexão e, na sequência, conduz você a um nível mais elevado: a conexão eficaz. O livro está repleto de lições sábias sobre pessoas que se conectam em relacionamentos que envolvem compromisso. Os princípios da eficácia humana ajudarão você e o seu parceiro a prosperar, independentemente do seu país de origem ou das suas circunstâncias.

Este livro maravilhoso aborda e ilustra como Stephen e Sandra Covey e seus filhos, além de outras famílias, tentaram vivenciar os 7 Hábitos. Eu, John, conheço Stephen desde o início da minha vida. Ele era o meu irmão mais velho. E eu, Jane, testemunhei o impacto da influência de Stephen na vida do meu marido, John; vi Stephen e Sandra criarem um relacionamento feliz e comprometido, que influenciou gerações; e sou grata ao fato de ambos terem influenciado a minha vida e o meu casamento; posso atestar que eles sempre foram excelentes exemplos de uma parceria eficaz, feliz e real.

Aproveite, e saiba que este livro foi escrito para você e para o seu parceiro.

Dr. John e Jane Covey

"SE VOCÊ COMEÇAR A APLICAR APENAS UM DOS 7 HÁBITOS, PODERÁ OBSERVAR RESULTADOS IMEDIATOS; MAS TRATA-SE DE UMA AVENTURA PARA A VIDA TODA — UMA VIDA DE PROMESSAS."

Stephen R. Covey

Introdução,
por Stephen R. Covey

Sou Stephen R. Covey. Bem-vindo a este novo livro sobre como aplicar os 7 Hábitos ao lar, ao casamento e à família. Acredito firmemente que um casamento e uma família saudáveis são a base da civilização e os alicerces da sociedade, e que a nossa maior alegria e realização estão no lar e na família. Também acredito que o trabalho mais importante a ser feito é dentro de casa.

A ex-primeira-dama Barbara Bush disse o seguinte às formandas da Wellesley College:

> Por mais importantes que sejam suas obrigações como médicas, advogadas ou líderes empresariais, em primeiro lugar vocês são seres humanos, e as conexões humanas com o cônjuge, filhos e amigos são os investimentos mais importantes que serão capazes de fazer. No fim da vida, não se arrependerão de não ter passado em mais uma prova, de não ganhar mais uma decisão judicial ou de não fechar mais um negócio. Vocês vão se arrepender de não ter passado mais tempo com seu parceiro, seus filhos, amigos ou pais. Nosso sucesso como sociedade não depende do que acontece na Casa Branca, mas do que acontece dentro da sua casa.

Estou convencido de que se nós, como sociedade, trabalharmos diligentemente em todas as outras áreas da vida e negligenciarmos os nossos relacionamentos mais importantes, os nossos parceiros e a nossa família, isso equivaleria a ajeitar as espreguiçadeiras do Titanic. Dag Hammarskjöld, antigo secretário-geral das Nações Unidas, colocou desta forma: "É mais nobre dar-se por completo a uma única pessoa do que nos esforçar diligentemente pela salvação das massas." A minha esposa adorava citar essa frase para mim de vez em quando.

As pessoas têm necessidades universais. Elas precisam se sentir seguras, valorizadas, respeitadas, encorajadas e amadas; essas necessidades podem encontrar sua mais agradável satisfação nos vínculos entre amantes, marido e esposa, filho e pai. Portanto, é trágico quando indivíduos de qualquer família deixam de atender a tais necessidades. Existem certos princípios fundamentais que governam todas as interações humanas, e viver em harmonia com esses princípios ou leis naturais é essencial para uma vida familiar de qualidade. Nos últimos cinquenta anos, observei o quanto a situação do casamento e da família mudou de maneira vigorosa e drástica.

Considere o seguinte:
- O número de crianças nascidas em famílias monoparentais aumentou mais de quatrocentos por cento.
- A porcentagem de famílias chefiadas por apenas uma das figuras parentais mais do que triplicou.
- A taxa de divórcio mais do que dobrou.
- O suicídio entre adolescentes aumentou quase trezentos por cento.
- Em meio a tudo isso, a porcentagem de famílias com uma das figuras parentais que fica em casa durante o dia com os filhos caiu de 66,7 por cento para 16,9 por cento.

É surpreendente e assustador pensar no que aconteceu na unidade familiar nos últimos cinquenta anos. O grande historiador Arnold Toynbee mostrou que podemos resumir a história toda em uma simples frase: "Nada falha mais do que o sucesso." Em outras palavras, quando a resposta é equivalente ao desafio, isso é sucesso. Mas, quando o desafio muda, a resposta já conhecida e bem-sucedida não funciona mais. O desafio mudou na nossa sociedade, afetando os nossos lares e as nossas parcerias; por isso, devemos desenvolver uma resposta que esteja à altura desse novo desafio.

O desejo de criar uma parceria e uma família sólidas não é suficiente. Precisamos de uma nova mentalidade, um novo conjunto de habilidades e um novo conjunto de ferramentas para lidar com a mudança. O desafio deu um salto quântico, e, se quisermos responder com eficácia, devemos fazer o mesmo.

A estrutura dos 7 Hábitos representa exatamente essa mentalidade e esse conjunto de habilidades. Muitos casais e famílias estão usando os princípios da estrutura dos 7 Hábitos para se fortalecer e permanecer no caminho certo.

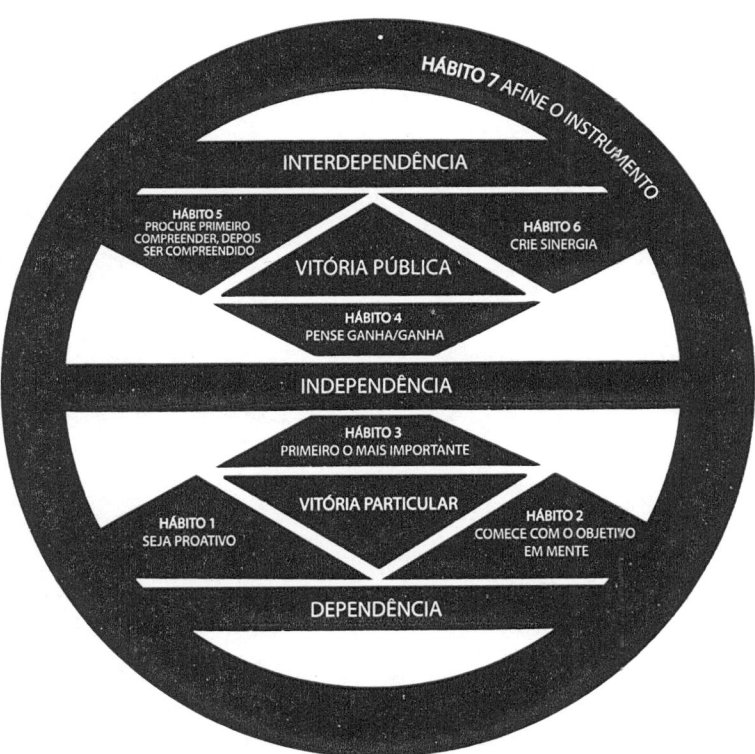

A minha maravilhosa esposa, Sandra, com quem fui casado por cinquenta anos, junto com o meu irmão John e sua esposa, Jane, compartilham percepções e experiências pessoais na aplicação desses já comprovados princípios na nossa vida. Esperamos que alguma coisa neste livro produza um impacto considerável em você e o ajude, em alguma medida, a aplicar esses princípios em seu próprio casamento, parceria e família, e a se beneficiar disso, assim como nós e nossas famílias nos beneficiamos.

"LEMBRE-SE DE QUE SABER E NÃO FAZER É NÃO SABER. APRENDER E NÃO FAZER É NÃO APRENDER."

Stephen R. Covey

Primeira Parte

Introdução a *Os 7 hábitos dos casamentos altamente eficazes*

SANDRA:
Bem, isso vai ser divertido, pois vamos falar sobre a relação do casal, dos dois parceiros adultos, na família. Para muitos, trata-se de um casamento formal e oficial, mas nem sempre é assim: pode ser o acordo e o entendimento entre duas pessoas adultas que optam por constituir uma unidade familiar, com ou sem filhos. E, quando pensamos sobre isso, é incrível que tantas parcerias funcionem, considerando que as partes provêm de duas famílias e de duas origens totalmente diferentes, e têm maneiras distintas de fazer e analisar as coisas, de resolver problemas, de se comunicar, de lidar com as finanças e de criar os filhos. É realmente maravilhoso.

O que posso afirmar é que nunca fiquei entediada ao longo do meu casamento com Stephen. Ele sempre se envolveu em muitas atividades interessantes e divertidas. Lembro-me da minha mãe e do meu pai caminhando de mãos dadas até a sorveteria Fernwood; eles compravam um sorvete e voltavam para casa; depois, ficavam sentados na varanda conversando com os vizinhos, sabe? Stephen e eu nunca tivemos uma vida assim. E eu sempre perguntava a ele: "O que aconteceu com os bons e velhos tempos, quando as pessoas tinham um momento para o descanso e não estavam submetidas a tanta pressão o tempo todo?"

Mas foi uma vida maravilhosa, e é ótimo aprender um com o outro e ver os nossos filhos crescendo, se tornando independentes, construindo vidas emocionantes. Portanto, acredito que o casamento é uma coisa boa. Acho que todos nós temos de trabalhar para que ele funcione, e aprendemos muito nesse processo, esperando nos tornar menos egoístas, mais generosos e amorosos. E essa é uma maneira maravilhosa de progredir.

■ FAMÍLIAS DIFERENTES, ESTILOS DIFERENTES

Quando me casei, lembro-me de que a coisa mais difícil era achar que eu estaria sendo desleal à minha família se deixasse de acreditar que a maneira como costumávamos fazer as coisas era a correta. E demorei alguns anos para perceber que cada família faz as coisas de um jeito diferente. Sendo assim, é possível aprender, cultivar e escolher coisas a serem feitas do modo que o casal quiser, em vez de seguir o modo como nossos pais costumavam agir.

Quando Stephen e eu nos casamos, nos mudamos para Boston, pois ele estava fazendo faculdade lá. Ali tivemos um bebê e, mais ou menos um ano depois, voltamos para a nossa cidade. Logo na primeira semana em casa, lembro que a mãe de Stephen me ligou e disse: "Ah, Sandra, estou tão feliz que vocês voltaram. Eu só queria lhe dizer que Stephen foi criado com leite Arden, que sempre tivemos esse produto em casa e costumamos ler o *Deseret News*, está bem?" E eu respondi: "Ah, obrigada por compartilhar essa informação." Depois, a minha mãe me ligou e disse: "Sandra, você foi criada com laticínios Winder e nós sempre lemos o *Tribune*." Então, tivemos que entrar em um acordo: passei a comprar o leite Clover Leaf e a ler o *Daily Herald*.

De fato, é algo maravilhoso, e eu já falei para todos os nossos filhos casados: "Peguem o melhor de cada família e adotem para a sua. E não é preciso agir do jeito que nós agíamos. Façam as coisas da maneira que vocês se sentirem bem."

Lembro que a minha família era muito receptiva, muito extrovertida e costumava demonstrar afeto em público; todo mundo se beijava e se abraçava. Ninguém tinha nenhum segredo. Todos sabiam tudo sobre qualquer integrante da família. E, se alguém estivesse com raiva de você, você seria o primeiro a saber. A família de Stephen era muito mais reservada — se alguém estivesse bravo com você, você não ficaria sabendo, e eles costumavam guardar as emoções para si mesmos. Então, havia um contraste interessante. Stephen estava sempre tentando me fazer falar menos, e eu sempre tentando fazê-lo falar mais.

■ POTENCIALIZE OS PONTOS FORTES DOS OUTROS

Stephen sempre foi muito aventureiro. Ele vivia participando de caçadas, passeando de barco, praticando esqui aquático, pulando no lago à meia-noite, andando em quadriciclos e motocicletas e coisas do tipo. Nos primeiros anos de casamento — na verdade, até hoje ainda faço isso —, eu tentava suplantar a voz da minha mãe na minha mente, que sempre me dizia: "Se você pisar naquele barco, vai se afogar e, se subir naquela árvore, vai cair!" Para que cada um de nós pudesse ser um indivíduo único e conseguisse trabalhar em equipe, tivemos de fazer um pacto. Quando se trata de decidir o que é melhor para os filhos, é preciso permitir que a visão de ambos seja levada em conta; é preciso apoiar o estilo e os costumes um do outro.

Eu amo artes — teatro, balé, ópera e coisas assim —, então comprávamos ingressos para diversos eventos desse tipo. Stephen, por sua vez, era fã de jogos de basquete e futebol, e de esportes nos quais gostaria que todos se sentissem envolvidos. Mas nós nos entendíamos. E eu me lembro dos nossos meninos chegando à adolescência; quando eram mais novos, eu precisava arrastá-los para os concertos sinfônicos, mas quando se tornaram adolescentes e começaram a namorar, eles passaram a achar aquilo muito legal. Já as meninas achavam chique serem convidadas para o balé ou o teatro, e então passaram a brigar pelos ingressos, o que eu achava ótimo.

Como mencionei, famílias diferentes, estilos diferentes. Temos de perceber que sempre podemos fazer uma escolha. Não precisamos fazer o mesmo que nossos pais faziam durante a nossa criação. Podemos escolher, podemos nos acolher e descobrir o que é importante um para o outro.

■ O SEGREDO É A COMUNICAÇÃO EMPÁTICA

Aprendemos a nos comunicar um com o outro. Stephen sempre me ligava, não importava onde estivesse, várias vezes ao dia. Ele estava passando pela China, por Cingapura e Hong Kong, e eu recebia ligações como: "Oi, o que você está fazendo?" E eu respondia: "Puxa, são três da manhã aqui!", ou algo assim.

E havia uma coisa que fazíamos e que realmente amávamos: tínhamos uma moto pequena, uma Honda, e todos os dias dávamos um passeio rápido. Ficávamos longe do telefone, longe das crianças, e andávamos de um lado para o outro, conversando. Saíamos perambulando pelo bairro. No inverno, andávamos de motoneve ou algo parecido. Mas ter esse tempo a dois e passear era ótimo.

Quando moramos no Havaí, íamos à praia só para ficar batendo papo por horas a fio. E eu acredito que, independentemente de quais sejam os seus problemas, se você puder falar sobre eles, sobre as suas preocupações e as coisas que o incomodam, e se puder comunicar isso ao seu parceiro, então você se sentirá melhor a respeito daquela situação. É quando você não fala sobre algo que tudo se torna mais difícil. Stephen gostava de me lembrar de que os sentimentos não expressos nunca são sepultados, apenas voltam de maneira mais desagradável. E isso é muito verdadeiro no casamento e na família. Os cônjuges precisam aprender a expressar suas preocupações em um ambiente seguro.

Stephen viajava tanto e sentia tanta saudade que ligava várias vezes ao dia. Quando as crianças estavam crescendo, ele ligava toda noite e falava com cada um dos filhos: "O que você está fazendo? Como foi o seu dia? Me conte o que está acontecendo na sua vida." E, às vezes, quando estava longe, ele ligava faltando uns cinco minutos para as 22h. Estávamos assistindo a um filme, o telefone tocava, e nós dizíamos: "Ah, não! É o papai. Fale você com ele." "Não, eu não quero falar com ele. Eu falei com ele ontem à noite, fale você com ele." Mas o fato é que a comunicação acontecia e, sendo a responsável que permanecia em casa com as crianças, eu não me sentia tão solitária, tampouco como se estivesse criando sozinha os nossos filhos.

Lembro-me de um grande líder e professor, David O. McKay. Ele e a esposa estavam casados havia cerca de 60 anos, e um jornalista perguntou à Sra. McKay: "Vocês têm um casamento maravilhoso, e ainda parecem muito apaixonados um pelo outro, a ponto de se darem as mãos. Vocês já pensaram em divórcio?" E ela respondeu: "Divórcio, não; assassinato, sim."

Acho que, às vezes, esse pensamento perpassa a mente de todos nós, quando ficamos frustrados e cansados, e quando a comunicação não está acontecendo com a frequência necessária, ou como deveria acontecer.

■ VALORIZE AS DIFERENÇAS

É maravilhoso estar casado com alguém diferente de você, pois você cresce e aprende com o outro. Algo que costumávamos fazer, e que funcionava muito bem, era quando algo era realmente importante para mim, como a minha vontade de ir ao balé, e ele preferia ir ao cinema ou a um evento esportivo. Então falávamos: "Está bem, precisamos ser honestos: em uma escala de 1 a 10, onde você se situa, como você se sente?" A regra era não mentir, de modo que seria preciso atribuir uma prioridade ao evento: "Bem, para mim é 5." E ele dizia: "Bem, para mim é somente 1, então acho que vamos ao balé." Trata-se, apenas, de uma forma simples de comunicação, mas que nos ajudava. E, então, sendo bastante verdadeira, eu tinha uma placa no meu banheiro com as seguintes frases: "Eu amo você hoje mais do que ontem. Ontem você realmente me deu nos nervos."

■ ABRA O SEU CORAÇÃO

Elogiem um ao outro. Como você sabe, os filhos não são bons em dizer: "Que mãe maravilhosa você é. Você limpa a casa, lava a nossa roupa e prepara jantares incríveis." É um fato: não ouvimos isso de nossos filhos com muita frequência. Mas, sempre que desfrutávamos de uma refeição gostosa ou fazíamos algo um pouco fora do normal ou especial, Stephen dizia: "Ah, vamos aplaudir de pé a mamãe!" E eles se levantavam e batiam palmas. Ou "Vamos fazer o sinal de vitória para ela" — é o máximo receber o seu sinal de vitória — por causa desse excelente jantar ou algo assim. E os nossos filhos sempre exclamavam "Hip hip hurra!" quando alguém fazia algo especial. Eu amo essa tradição da nossa família.

Comuniquem-se. As mulheres tendem a verbalizar mais e, como é sabido, sempre queremos que nossos maridos digam exatamente o que queremos ouvir. Truman e Ann Madsen são um casal de amigos queridos e, certa vez, Ann me contou: "Uma noite eu disse a Truman: 'Truman, você é tão maravilhoso! Você é o melhor marido do mundo. Estou tão feliz por ter me casado com você! Não consigo pensar em ninguém mais atencioso ou maravilhoso.' E eu estava sendo sincera,

mas queria a mesma validação da parte dele, e ele respondeu: 'Idem.'"
Às vezes, essa é a resposta que recebemos, então precisamos procurar "palavras" de outra forma.

■ EXPRESSE AMOR E FELICIDADE

Outro hábito nosso era quando as pessoas chegavam e saíam. Criávamos um alvoroço em torno delas. Quando um ente querido chegava em casa, largávamos tudo o que estávamos fazendo e ficávamos com ele — fosse o meu parceiro ou o nosso filho, fazíamos questão de expressar nosso amor e felicidade: "Ah, você chegou em casa, me conte sobre o seu dia." Fazíamos questão de nos mostrar genuinamente animados ao ver a pessoa e queríamos que ela percebesse isso. Quando alguém saía, fazíamos a mesma coisa. Dávamos um grande beijo, um abraço e dizíamos: "Volte logo." Acho que é bom causar um alvoroço com relação a chegadas e partidas. Isso faz o outro se sentir à vontade. Faz todos se sentirem especiais e amados.

Nos velhos tempos, lembro-me de quando a minha mãe se arrumava antes de o meu pai chegar em casa. Naquela época, as mulheres usavam vestidos simples em casa. Então, ela escolhia o mais bonito, e se maquiava e arrumava o cabelo. Eu perguntava: "Por que você faz isso?" E ela me dizia: "Bem, o seu pai está voltando para casa." Parece um tanto antiquado e, para alguns, sexista, mas a minha mãe fazia esse esforço de alegrar-se ao vê-lo e de cuidar da aparência. Eu poderia afirmar que, depois de um longo dia de trabalho em que as pessoas talvez não tivessem sido gentis ou educadas umas com as outras, ou em que o meu pai talvez não tivesse vendido nada, ele ficava feliz por estar em casa, onde se sentia amado e valorizado.

Outra coisa que fazíamos era dar bastante importância aos aniversários e feriados. Se fosse o seu grande dia, ao se levantar de manhã, encontraria balões e faixas com dizeres. Transformaríamos aquilo em uma ocasião especial, e prepararíamos um jantar especial. E os meus genros e noras costumam comentar: "Ah, a sua família! Ficamos exaustos, porque não é só um aniversário: é uma semana ou um mês de aniversário, pelo amor de Deus."

Porém, um dos meus genros disse: "Sabe, quando me casei, não conseguia acreditar em como vocês todos se elogiavam tanto e pensavam que todos eram maravilhosos, e faziam tanta farra uns para os outros." E, então, ele fez uma pausa, e finalmente deixou escapar: "Mas estou começando a gostar disso"

■ UM BOM RELACIONAMENTO REQUER SENSO DE HUMOR

Em minha opinião, é emocionante estar casado. Provavelmente é mais impressionante do que você esperava, e muito mais difícil do que pensava. Para mim, Stephen era o máximo. Eu adorava estar com ele, e me sinto muito feliz por termos nos casado.

Tínhamos uma propriedade em Montana, para onde costumávamos ir no verão e passávamos bastante tempo lá. No inverno, íamos para lá praticar esportes. Certa vez, fomos no início do outono, e já estava começando a fazer frio. Levantamos cedo naquele domingo de manhã e decidimos ir à igreja, por isso Stephen e eu vestimos as nossas roupas de domingo. Depois da cerimônia, começamos a viagem de volta à nossa casa, em Utah, um trajeto de seis horas.

Stephen dirigiu por alguns instantes e, então, disse:

— Sabe, estou muito cansado. Você não quer dirigir um pouco?

E eu respondi:

— Com certeza.

Depois de algumas horas, com Stephen descansado, meus olhos pesaram, e era eu quem precisava fazer uma pausa. Eu disse a Stephen:

— Preciso parar um pouco. Que tal eu sair, passar para o banco de trás e deitar na cama tão boa que você fez? E aí você dirige por algum tempo.

Ele concordou. Então, eu saí e dei a volta pela parte de trás do carro, enquanto Stephen dava a volta pela parte da frente. Estávamos na via expressa, e todos os carros passavam por nós em alta velocidade, fazendo certo barulho. Fiz uma pausa, retirei os meus lindos saltos e os joguei na parte de trás do carro. Então, bati a porta traseira, pois era preciso fechá-la para o carro continuar andando.

Bem, quando Stephen ouviu a porta bater, nem olhou para trás — ele pensou que eu tivesse entrado no carro. E, então, deu a partida. Ele já havia feito isso comigo antes, me obrigando a correr atrás do carro; fazia isso de brincadeira, pois achava muito engraçado. E eu pensei que, mais uma vez, ele estava brincando, mas ele estava tentando retornar para a estrada, e o fluxo de carros aumentava cada vez mais. E eu pensei: "Bem, vou alcançá-lo."

Só que, de repente, ele arrancou e disparou, e eu fiquei parada na beira da estrada, usando apenas vestido, meia-calça e sem sapatos. E estava um pouco frio. Fiquei pensando: "Ah, caramba! E agora, quando ele vai voltar? Vou precisar esperar o fim dessa grande cena." Fiquei esperando e esperando, e nada de ele voltar. E todos aqueles carros passavam zunindo, vendo uma mulher perdida ali parada. Alguém deve ter ligado para a patrulha rodoviária e dito algo assim: "Um homem acabou de chutar a esposa para fora do carro e ela está parada, de meia-calça, no frio da via expressa...".

Então, cerca de vinte minutos depois, a patrulha rodoviária chegou. E o policial se aproximou e perguntou:

— Aconteceu algum problema na sua família?

E eu respondi:

— Ah, não. O meu marido pensou que eu estivesse no carro; ele não percebeu que eu não estava lá.

— Bem, isso é meio estranho. Quer dizer, você não deveria estar sentada ao lado dele, no banco da frente? E ele não percebeu que você não estava lá?

— Eu estava entrando no banco de trás. Eu ia me deitar — retruquei.

— Ah, hum, entendi — disse ele. E acrescentou: — Bem, entre na viatura e vamos tentar encontrá-lo.

E aí entramos no carro e ele perguntou:

— O seu marido tem um telefone celular?

E eu respondi:

— Tem.

Então, ele disse que tentaria ligar para o celular.

Em seguida, ele telefonou e perguntou:

— Sr. Covey?

— Sim.

— Aqui é a patrulha rodoviária. Onde o senhor está?

E ele respondeu:
— Ah, sabe, não tenho muita certeza. A minha esposa estava dirigindo e agora quem está dirigindo sou eu. Nem sei em que estado eu estou. Acho que estou em Utah, mas não tenho certeza. Só um minuto, policial, vou perguntar à minha esposa. Ela está dormindo no banco de trás.

Então ele começou a chamar por mim:
— Sandra, Sandra, onde nós estamos?
E o policial rodoviário interrompeu:
— Alô! Sr. Covey! Eu acho que ela não vai lhe responder. Ela está sentada aqui ao meu lado, na viatura.

Finalmente o alcançamos e, então, quando Stephen saiu do carro, eu pensei: "Bem, ele devia ter olhado para trás para me ver." Mas ele disse:

— Eu não olhei para trás em momento algum, porque pensei que você iria querer parar para ir ao banheiro, ou algo assim. Só pensei em dirigir para casa o mais rápido possível, antes que você tivesse vontade de sair do carro novamente e ir ao banheiro mais uma vez — disse ele.

— Então, não olhei para trás em momento algum, e presumi que você estivesse lá.

Assim, quando descemos da viatura, o policial estava incrédulo. Stephen brincou:

— Bom, tenho certeza de que vou ter uma história para contar.
E o policial disse:
— Você?! Espere só até eu contar para os caras lá na delegacia. — Ele completou:
— Eu vou ter mesmo uma história para contar. Stephen Covey deixou a esposa no meio da via expressa, depois de uma grande discussão ou algo assim.

Esse era o meu marido, que costumava me largar em estradas. Um bom relacionamento requer senso de humor.

> "NÃO SOU UM PRODUTO DAS MINHAS CIRCUNSTÂNCIAS. SOU UM PRODUTO DAS MINHAS DECISÕES."
>
> Stephen R. Covey

ENTRE O ESTÍMULO E A RESPOSTA

■ O SEGREDO PARA O CRESCIMENTO E A FELICIDADE

STEPHEN: Eu estava no Havaí em meio a um período sabático, e vagava pelas estantes de uma biblioteca quando resolvi pegar um livro. Li três frases aleatórias e elas me deixaram desconcertado: "Entre o estímulo e a resposta existe um espaço. Nesse espaço residem o poder e a liberdade para escolher a sua resposta. Nessa resposta estão o seu crescimento e a sua felicidade." Eu queria dar crédito ao autor dessas frases. Anos depois, voltei ao local para procurar aquele livro, mas a biblioteca não existia mais.

Continuei pensando no que tinha lido. "Entre o que quer que aconteça conosco e a nossa resposta existe um espaço. Nesse espaço residem a liberdade e o poder para escolher a nossa resposta. E nessa resposta estão nosso crescimento e felicidade." De certa forma, isso se tornou a base para os 7 Hábitos.

Outras pessoas podem magoá-lo — talvez até de propósito —, mas, como disse Eleanor Roosevelt: "Ninguém pode fazer você se sentir inferior sem o seu consentimento." Entre o estímulo e a resposta existe um espaço, e dentro desse espaço está *você*, perfeitamente livre para decidir como vai reagir. Nesse espaço, você finalmente verá *a si mesmo*. Lá, você também encontrará os seus valores mais profundos. Se você se detiver cuidadosamente nesse espaço, se conectará mais uma vez à sua consciência, com o seu amor pelo seu parceiro e com os princípios da vida. E vai decidir de acordo com tudo isso.

Infelizmente, a maioria das pessoas não tem conhecimento desse espaço mental. Pelo fato de não compreenderem a própria liberdade, elas reagem de uma maneira ou de outra: ou expressam sua raiva, ou a reprimem sob a crença equivocada de que, ignorando um problema, ele desaparecerá. Todos conhecem os sinais da repressão: lábios cerrados, ignorar, a sensação de estar sempre pisando em ovos. Nem a expressão nem a repressão da raiva são úteis. Encurralado entre essas duas alternativas, o que você pode fazer?

Existe uma terceira alternativa: você pode escolher transcender esses sentimentos. Ficar ofendido é uma escolha sua. Não é algo que lhe é imposto — é você quem faz isso consigo mesmo. Dentro daquele espaço de decisão, você tem o poder de escolher *não* se ofender. Os outros não são capazes de envergonhá-lo; só você pode se envergonhar. Você não pode controlar o comportamento dos outros, mas pode controlar a sua resposta a tais comportamentos. Os especialistas concordam: "A alternativa muito mais saudável a conter as suas emoções ou a despejá-las descontroladamente é transformá-las. (...) A capacidade de permanecer fiel aos seus valores mais profundos — e, assim, transformar a maior parte do seu medo e da sua vergonha — está inteiramente dentro de você."

As escolhas que você toma no espaço entre o estímulo e a resposta fazem toda a diferença no relacionamento entre você e o seu cônjuge, parceiro ou parceira, os seus pais, filhos e amigos.

■ O PODER DE ESCOLHA

O Hábito 1 é baseado no conceito de que temos o poder de escolher. Chamamos isso de ser proativo. E, quanto mais essa escolha é exercida, amparada em princípios equivalentes a leis naturais, mais amplo se torna o espaço e mais liberdade a pessoa tem. Quanto mais alguém não exercita o poder de escolha, ou opta por não agir de acordo com os princípios apropriados, mais estreito se torna esse espaço, até que este deixe de existir. E é isso que um animal é. Um animal não tem poder de escolha. Um animal é um produto integral de seu DNA biológico e de seu treinamento ou condicionamento e, portanto, não pode se reinventar. As pessoas podem. E elas podem intervir na própria vida, em função da consciência que têm de si mesmas.

A característica única de um ser humano é a autoconsciência. É o mundo mineral somado à vida, somados à consciência, e somados ainda à capacidade de pensar sobre a própria consciência. É a consciência voltando-se sobre si mesma. Portanto, você tem o poder de reinventar a sua vida e toda a sua história. Na verdade, por meio do exercício adequado desse espaço, dessa liberdade, você pode, literalmente, curar a história da sua família. E criar um novo presente e um novo futuro para si mesmo. Essa é a capacidade ou o dom humano único. Trata-se de uma dádiva muito, muito especial.

E é essencial, quando estamos lidando com a vida familiar, com o casamento e a criação de filhos, que as pessoas percebam que têm esse poder. Se elas se tornarem conscientes e se distanciarem de sua mente, conseguirão examinar os próprios pensamentos. Elas conseguirão, inclusive, refletir sobre suas emoções, o que significa que elas não são seus sentimentos e pensamentos. Elas conseguirão se distanciar de tudo e começar a fazer escolhas. Essa é a base para o primeiro hábito, ser proativo.

Como diz meu amigo Brent Barlow, consultor de relacionamentos familiares: "Se você quiser melhorar o seu casamento, olhe-se no espelho." A tensão aumenta quando penso que o problema está em minha parceira. A raiz mais profunda do problema é a minha visão de mim mesmo. O poeta Rumi disse: "As pessoas não olham para si mesmas, por isso culpam as outras." Se eu me percebo como a vítima indefesa de um parceiro irracional, insensível ou irritante, nego uma verdade humana simples: a de que sou livre para escolher a minha resposta a qualquer estímulo. Ninguém pode me *obrigar* a sentir algo, nem a fazer nada sem o meu consentimento. O que acontece comigo pode estar além da minha influência, mas sou eu que decido o que pensar, sentir ou fazer a respeito.

Muitas pessoas não conseguem compreender esse princípio básico. Estas são as queixas esperadas: "Ele me causa muita raiva." "Ela me enlouquece." Embora as outras pessoas também possam me taxar de vítima, em última análise, esse papel sou eu quem escolho ou não desempenhar. Se eu estiver mentalmente preso a um paradigma "eu-bom, parceiro-mau", isso significa que me deixei dominar pelo pensamento das duas alternativas. Se eu me vejo como vítima, não farei nada além de reclamar inutilmente sobre a injustiça de tudo isso. Não vou acreditar numa terceira alternativa.

Por outro lado, se eu me vejo como realmente sou, capaz de um julgamento e uma escolha independentes, escolherei a minha própria resposta. Posso escolher reagir a um comentário cruel com um comentário gentil. Posso escolher sorrir, em vez de me ofender. Se eu me deparar com um cônjuge rabugento que teve um dia difícil, posso escolher ser solícito e atencioso, em vez de reclamar do meu próprio dia difícil, em uma disputa enfadonha para ver qual dos dois acaba sendo o mais infeliz.

Acredito que essa percepção fundamental salvaria a maioria dos casamentos problemáticos. Posso escolher quebrar o ciclo de ressentimento. Eu ofereço mais do que a minha cultura para essa parceria — eu ofereço a mim mesmo. Não sou apenas o "meu lado" em um conflito — estou sempre à procura de uma terceira alternativa.

"VOCÊ É INFLUENCIADO PELOS SEUS GENES, PELA SUA CRIAÇÃO E PELO SEU AMBIENTE, MAS NÃO É DETERMINADO POR ELES."

STEPHEN R. COVEY

Você tem o poder de escolher a sua resposta a qualquer conjunto de circunstâncias

■ **CRIE UMA VISÃO ENVOLVENTE PARA O SEU FUTURO**

Além desse dom, ou dádiva, existem dois outros dons que permitem que o segundo hábito se consolide. O segundo hábito se chama Comece com o objetivo em mente. Sendo assim, você pode usar mais dois dons: o primeiro é o da imaginação, de modo que, se você se libertar do seu passado, que inclui a sua memória — porque você não é isso —, e se conseguir imaginar um futuro diferente para si, estará começando a reinventar a própria vida. E poderia reinventar, ainda, todo o seu casamento e toda a sua vida familiar.

E também pode associar isso ao dom da consciência — a consciência é um tipo de percepção intuitiva inata do que é certo ou errado. Portanto, começar com o objetivo em mente alia o uso da consciência ao da imaginação, e, ao conjugá-las, você poderá decidir que tipo de futuro deseja. E isso o libertará do seu passado. Você terá curado a história da sua família.

De modo geral, quase todos os problemas que as pessoas têm na vida são produtos de sua história familiar. Há até pesquisas que mostram que o próprio DNA biológico é impactado pela experiência que o bebê, ainda dentro do útero, tem com a mãe e com os próprios processos de pensamento, e que isso pode ficar profundamente enraizado naquele feto, naquela criança. Então, quando uma pessoa nasce, ela entra em um mundo que podemos chamar de DNA cultural, que se soma ao DNA biológico.

Hoje em dia estamos lidando, sem dúvidas, com uma epidemia de divórcios. Tem se tornado socialmente aceitável, e às vezes até desejável, que as pessoas pensem em separação ou divórcio. Quando pensam dessa maneira, elas começam a procurar motivos e a racionalizar desculpas. A racionalização significa dizer mentiras racionais a si mesmo. Procuram-se evidências que sustentem a sua conclusão, a sua decisão, porque parece que você quer se livrar de toda a dor e do sofrimento que, provavelmente, são causados por alguém, ou pela dinâmica única estabelecida com a outra pessoa naquele relacionamento. Então você começa a se alimentar disso, o que por sua vez vai aumentando cada vez mais.

Lembro-me de uma ocasião em que me aproximei da comunidade de liderança global Young Presidents Organization. Nossa conferência durou uma noite, um dia inteiro e outra noite. O objetivo da conferência era redigir uma declaração de missão familiar. Algumas das famílias presentes resolveram incluir seus filhos adolescentes na atividade. E os pais expressaram seu desejo de que assim fosse. Eles se manifestaram favoravelmente a esse tipo de pauta, até o momento em que mergulharam de fato na tarefa. Quando mergulharam, foram os primeiros a querer sair, pois se deram conta de que, se começassem a assumir compromissos em torno de propósitos e valores, seus filhos os responsabilizariam por tais propósitos e valores, e isso era algo assustador.

Então, perguntei àquelas pessoas — àqueles presidentes de organizações e aos seus colegas: "Se vocês tivessem um grave problema de marketing no seu setor e na sua empresa, o que fariam?" Foi possível sentir imediatamente a energia que emanava do grupo. Dava para perceber que eram CEOs experientes que, diariamente, encaravam quaisquer problemas como se estivessem lidando com uma simples estratégia de marketing. Perguntei a eles: "E se vocês priorizassem sua família, tornando-a a coisa mais importante da sua vida? Tão essencial quanto qualquer estratégia de marketing que tivesse o poder de salvar ou promover os seus negócios? E se priorizassem a sua família dessa forma? Vocês encontrariam a mesma energia, a mesma paixão, a mesma qualidade imaginativa que encontram ao abordar um problema de marketing?" Eles compreenderam o meu argumento.

Somos como os peixes que se dão conta da água por último. Ficamos tão imersos nos assuntos do dia a dia que, às vezes, na nossa vida familiar e no nosso casamento, não temos consciência da importância dos relacionamentos familiares. Temos a tendência de pensar que a vida é assim mesmo.
E deveria ser melhor.
Não nos damos conta de que temos o poder de escolher torná-la melhor e reinventá-la, e redescobrir o amor que temos uns pelos outros. Temos o poder de escolher tornar a vida uma aventura, uma aventura emocionante, algo que realmente nos empolgue, assim como ocorreu com aquelas pessoas no momento em que discutiam um problema de marketing.
Aos poucos, aqueles presidentes e seus colegas foram reconhecendo esse aspecto com toda a seriedade. E foi perceptível o quanto eles se tornaram determinados quando começaram a discutir as declarações de missão com seus filhos adolescentes. Redigir a sua declaração de missão é uma forma de unir as mentes consciente e subconsciente, porque, conforme escrevemos, estamos fazendo uma atividade psiconeuromuscular que, literalmente, deixa uma marca na mente subconsciente.

STEPHEN: Uma conhecida faz uma pausa por um momento quando volta do trabalho para casa. Antes de entrar em casa, ela passa um minuto pensando em sua família. Ela visualiza o tipo de obra que deseja construir ao lado do companheiro e dos filhos. Então, ela abre a porta e se esforça para que aquilo aconteça.

■ APRENDA A OUVIR A SUA CONSCIÊNCIA

Tente fazer o seguinte exercício. Antes de se deitar esta noite, escreva duas coisas das quais você deseja se lembrar e fazer assim que acordar. Apenas observe o que vai acontecer na manhã seguinte. Quando você junta a escrita com a visualização, isso deixa uma marca ainda mais profunda na mente subconsciente, principalmente se usar o maior número possível de sentidos.
Agora, aplique esse exercício para visualizar o seu casamento. Use sua imaginação para combinar todos os sentidos: visão, audição,

paladar, tato, olfato — de todas as maneiras possíveis, tente visualizar em todo o escopo a vida que deseja levar, o casamento que deseja ter, a família que deseja construir. Concentre-se inteiramente no que realmente deseja e no que é adequado para todas as partes. Você aprenderá a ouvir a sua consciência. E descobrirá essa consciência enquanto permanece em silêncio. Você vai meditar. Nessa quietude, nessa meditação, nesse momento de atenção plena, começará a sentir o que é certo. E, muitas vezes, é diferente dos roteiros que lhe ensinaram, diferente dos roteiros culturais com os quais foi criado.

Como Sandra afirmou anteriormente, eram esses os roteiros que ela e eu havíamos recebido antes de nos casarmos e tendíamos a pensar que a vida era assim mesmo. E muitos desses roteiros não passam de tradições vazias, ou crenças que estão tão profundamente arraigadas que nunca as questionamos, apenas acreditamos que a vida é assim e pronto.

Frequentemente, nas minhas apresentações, uso imagens para estimular a percepção. Costumo exibir imagens diferentes em cada parede da sala, e, então, uma terceira imagem comum para todo o grupo. E, na maioria das vezes, aquele único segundo olhando para a primeira imagem determina como os participantes percebem aquela composta, a terceira imagem. É como se fosse um breve roteiro cultural em movimento — eles interpretam tudo a partir daquela lente.

É isso que acontece com as pessoas. Gradualmente, elas perdem a capacidade interna de perceber que são a força criativa da própria vida, e que em nosso casamento, podemos ajudar a criar o tipo de unidade, harmonia, felicidade e produtividade que os seres humanos realmente desejam. Você é capaz de curar a sua história familiar. Você não precisa ser o resultado de seus antigos roteiros e de sua criação. VOCÊ tem o poder de escolher.

Isso é algo incrível. É emocionante. Para mim, o simples fato de estar ciente disso é eletrizante: tenho o poder de escolher a minha resposta a qualquer conjunto de circunstâncias.

■ QUANDO A VIDA NOS CHAMA

Viktor Frankl, isolado nos campos de concentração da Alemanha nazista, deixou de se perguntar "Por que eu deveria sofrer tanto nas mãos dessas pessoas? O que a vida está exigindo de mim?". Ele ouviu e percebeu as necessidades dos outros. Assim, privado de todas as liberdades da vida das quais havia gozado anteriormente, incluindo comida e afeto, ele sentiu sua consciência a lhe dizer: "Compartilhe a sua comida escassa para manter aquela pessoa viva."

Liguei para Viktor Frankl pouco antes de ele falecer. Ele estava internado em um hospital na Áustria. Expressei minha admiração pelo trabalho que ele desenvolveu e o meu apreço pela enorme influência que exerceu sobre tantas pessoas, inclusive sobre mim. E ele me disse: "Stephen, você fala comigo como se eu estivesse indo embora. Tenho dois grandes projetos nos quais ainda estou trabalhando." Um desses projetos era em parceria com um biógrafo, e ele havia batizado o projeto de *When Life Calls Out to Us* [Quando a vida nos convoca, em tradução livre]. Trata-se da essência da questão da consciência: o que a vida está exigindo de mim? Quando a vida nos chama — e se parássemos diante de um momento crítico, quando poderíamos reagir destemperadamente a algo; se apenas nos treinássemos para fazer uma pausa, contar até dez e perguntar "O que a vida está exigindo de mim? O que o meu parceiro está exigindo de mim? Quais são as necessidades do meu filho neste momento?", e então ouvíssemos e visualizássemos a vida daquela maneira — visualizássemos a reação que exprime a essência do Hábito 2: Comece com o objetivo em mente.

> "CADA SER HUMANO TEM QUATRO DONS: AUTOCONSCIÊNCIA, CONSCIÊNCIA, VONTADE INDEPENDENTE E IMAGINAÇÃO CRIATIVA. ISSO NOS CONFERE A MÁXIMA LIBERDADE HUMANA: O PODER DE ESCOLHER."
>
> Stephen R. Covey

Os quatro dons humanos

■ **MANTENHA OS SEUS COMPROMISSOS**

A próxima grande dádiva ou dom que as pessoas recebem é o poder de uma vontade independente. E isso representa a essência do Hábito 3, que diz: Primeiro o mais importante. O Hábito 2, Comece com o objetivo em mente, lhe diz o que é mais importante.

Pois o seu propósito e os seus valores são as decisões mais importantes que você tomará, simplesmente porque eles comandam todas as outras. Depois de tomar tais decisões, o segredo é viver com integridade, mantendo a sua vida balizada por elas. Isso exige força de vontade e disciplina. Geralmente significa que você precisará nadar contra a maré, combatendo forças muito poderosas, incluindo aquele rígido roteiro cultural que o privou de sua verdadeira identidade. Esse roteiro tira das pessoas a consciência de que elas possuem essas dádivas ou dons únicos que podem ser utilizados, e de que o uso deles aumenta a capacidade da pessoa, sua liberdade, sua felicidade, seu poder de produzir, seu poder de se tornar a força criativa de sua própria vida. É por isso que a vontade independente se torna a essência do terceiro hábito: Primeiro o mais importante.

■ **OS QUATRO DONS HUMANOS**

Vale lembrar que o segredo é a interação sinérgica entre todos os quatro dons humanos.

- *Autoconsciência*, o que significa que você é capaz de se distanciar da sua vida e observá-la; é capaz de se distanciar do seu

estado de humor e observá-lo; é capaz de se distanciar dos seus sentimentos ou pensamentos e observá-los.
- A sua *consciência*, para que possa visualizar uma reação diferente e reinventar a sua resposta de uma nova maneira.
- A sua *imaginação*, para que possa se reinventar de uma nova maneira.
- E, finalmente, a sua *vontade independente*, para que possa agir com base nos outros três dons. A sinergia por meio desses quatro dons humanos únicos é o verdadeiro segredo para você se tornar a força criativa da sua própria vida.

É importante também garantir que você priorize o que é mais importante. E entre todos os relacionamentos que mais importam na vida estão os relacionamentos familiares. Se estudarmos os registros feitos no leito de morte imediatamente antes de as pessoas falecerem, elas só querem falar sobre os seus entes queridos. E o maior de todos esses relacionamentos é o relacionamento com o cônjuge, é o relacionamento matrimonial. Trata-se do relacionamento fundamental a ser priorizado.

Portanto, basicamente, esses três hábitos lhe dão a capacidade de criar uma sinergia interna e uma força criativa na sua vida, de modo a libertá-lo das tendências herdadas, do que aconteceu no passado, das circunstâncias que o pressionam, das fraquezas dos outros. Você pode aprender a perdoar, pode aprender a pedir perdão.

Para reconstruirmos relações rompidas, temos de, em primeiro lugar, ouvir nosso coração para descobrir nossas responsabilidades e nossas falhas.

Stephen R. Covey

■ COLOCANDO EM PRÁTICA AS SUAS LIBERDADES

Muitas vezes, pergunto ao meu público: "Quantos aqui sabem tocar piano?" Normalmente, cerca de cinco por cento ou, às vezes, dez por cento da plateia se manifesta. Então, pergunto: "Quantos aqui conseguem tocar piano muito bem?" Em geral, apenas um ou dois por cento responde positivamente. Então, pergunto: "Quantos começaram a ter aulas e depois desistiram?" E isso geralmente chega a um terço do público, às vezes até mesmo à metade. E eu digo: "Eu fui um de vocês." Lembro-me de ir até a casa da professora para a minha aula de piano, e, assim que terminava a aula, eu pegava as partituras e deixava para lá. E, na semana seguinte, já de volta, eu pegava o material largado e entrava na casa da professora para a minha aula. Por fim, ela alertou os meus pais: "Vocês estão desperdiçando dinheiro com Stephen, porque ele prefere tocar a praticar, e a única vez que ele toca em um piano é quando estamos na aula. Desse jeito, ele nunca ficará melhor do que isso."

O resultado desse comportamento é que eu não tenho a liberdade de tocar piano.

E quanto à liberdade de pedir perdão? E quanto à liberdade de perdoar? E quanto à liberdade de perdoar sem que o outro peça perdão? E quanto à liberdade de não ser ofendido? E quanto à liberdade de criar sinergia entre essas quatro dádivas ou dons exclusivos, para que eles se tornem a força criativa da sua vida? E quanto à liberdade de reinventar a sua vida? Veja, essas são liberdades ainda mais raras, mas todas requerem prática, da mesma forma que a prática do piano, e atenção constante, para garantir que essas liberdades sejam usadas regularmente.

■ A BASE DA ALEGRIA E DA FELICIDADE

Uso uma pulseira com a missão da nossa família, transcrita em um código que apenas nós compreendemos, mas que basicamente significa: "Servimos a Deus servindo aos outros." O conceito é que servir é a verdadeira essência da vida. Às vezes é incômodo; às vezes requer sacrifícios, mas é o fundamento da alegria e da felicidade — não necessariamente do prazer, mas certamente da alegria e da felicidade. Cultivar o próprio relacionamento, cultivar uma família, significa colocar as outras pessoas antes de você; quando você está atendendo às necessidades das outras pessoas em vez das suas, e quando aprende a ver o mundo pelos olhos dessas pessoas no lugar dos seus, tudo isso faz parte dessa grande capacidade que é desenvolvida quando se exercita o espaço entre o estímulo e a resposta.

Tudo isso significa que você faz uma pausa, depois faz uma pausa ainda maior, mergulha na sua cabeça, toma consciência das suas tendências, usa a sua imaginação e a sua consciência até que surja uma resposta melhor. E aí você age com base nisso. É algo que requer prática, assim como o piano, e, nesse caso, você coloca em prática ser mais gentil, mais sensível, mais empático, mais sinérgico. Na minha opinião, essa é a base da alegria e da felicidade.

■ OS 7 PREJUÍZOS DE UM DIVÓRCIO

Escrevi o prefácio de um livro chamado *Thinking Divorce? Think Again* [Pensando em divórcio? Repense, em tradução livre], de Lorie Fowlke. E foi muito interessante, porque a autora é uma advogada especializada em divórcio, mas que passa quase todo o seu tempo trabalhando com casamentos e famílias. E ela reconhece que há momentos em que talvez seja necessário pensar seriamente sobre o divórcio, mas seu desejo é que as pessoas repensem e o considerem como último recurso. Ela quer que as pessoas mudem o foco e usem a energia — aquela habilidade, aquele tipo de pensamento, aquela criatividade, aquele esforço final — para preservar o casamento. Ela fala sobre os 7 prejuízos ou consequências do divórcio e o que acontece em cada um deles.

1. *Gasto dos seus recursos.* Um divórcio custa caro. Há uma disputa pelo controle dos recursos, você paga as contas nesse meio-tempo, tem de conseguir um bom advogado e paga as despesas do processo.
2. *Início de uma nova meia-vida.* O divórcio limita o seu estilo de vida. Não é possível dividir um lar em dois mantendo a mesma renda. As crianças agora têm duas casas. Os bancos não se importam com o seu divórcio e as dívidas não desaparecem.
3. *Dor e mágoa.* O divórcio acarreta em desgaste emocional, seja agora ou mais tarde. Há a dor que leva ao divórcio, a dor durante todo o processo, e a dor prolongada por férias, festas e eventos não concretizados, e, por fim, o processo de cura, que por si só pode ser doloroso.
4. *Impacto na produtividade.* O divórcio afeta negativamente o seu trabalho, afeta cada parte sua e reduz a sua produtividade. Você perde o foco. Todos os pais precisam trabalhar.

5. *Culpa.* A culpa é minha? O divórcio traumatiza as crianças e você sente culpa por lhes causar dor e fazê-las perder a inocência. As atitudes das crianças refletem a atitude de seus pais e a maioria dos divórcios envolve conflitos.
6. *O mito de ser livre.* O divórcio complica a sua vida e dificilmente removerá o antigo cônjuge dela. Os filhos o conectam para sempre a esta pessoa. Namorar tendo uma bagagem pode ser complicado.
7. *Onde todos os pais foram parar?* O divórcio prejudica a sociedade, uma vez que um conflito não resolvido é transmitido para a geração seguinte. Pais em crise não são pessoas tão disponíveis e as decisões individualistas destroem o senso de comunidade.

Com base em suas próprias experiências, Fowlke oferece relatos, caso após caso, sobre como todas essas 7 consequências são geradas por um divórcio.

Agora, citando o livro:

> Atualmente, estudos constatam que a ideia de que o divórcio torna mais felizes aqueles adultos casados infelizes é um mito. De acordo com pesquisadores da Universidade de Chicago, os adultos casados infelizes que se divorciaram não se mostraram mais felizes cinco anos após o divórcio do que os adultos casados igualmente infelizes que permaneceram unidos. Em um estudo do Institute for American Values, dois terços das pessoas casadas infelizes que permaneceram casadas relataram que seus casamentos estavam felizes cinco anos depois. Na verdade, oitenta por cento daquelas pessoas que classificaram seus casamentos como muito infelizes disseram que estavam casadas e felizes cinco anos depois. A estatística mais surpreendente nesse estudo mostra que, se um casal for infeliz, as chances de ser feliz cinco anos depois são de 64 por cento, caso decidam permanecer juntos, mas de apenas 19 por cento se decidirem se divorciar e se casar novamente.

E o comentário final de Fowlke:

Ao fim de uma geração, após as feridas impostas aos seus filhos, à sua família e à sua comunidade, terá valido a pena? Se você ainda estiver certo disso, então talvez seja um dos poucos que deveriam pedir o divórcio. Mas, se você se questiona, se hesita, se considera agora que o divórcio pode ser uma mudança devastadora, que talvez não lhe traga a alegria, a paz ou o alívio que está procurando, continue refletindo.

"NOS RELACIONAMENTOS, AS COISAS PEQUENAS SÃO AS GRANDES COISAS."

Stephen R. Covey

Sua vitória pública

Agora vamos analisar os próximos hábitos. Os próximos três são os hábitos da vitória pública.

O Hábito 4, Pense ganha/ganha, se baseia na ideia de respeito e benefício mútuos, para que sempre pense em união, harmonia entre o casal e na sua família.

****

O Hábito 5 é, Procure primeiro compreender, depois ser compreendido, uma vez que a tendência natural de todos nós é desejarmos ser compreendidos.

****

O Hábito 6 é, Crie sinergia. Pessoas altamente eficazes se concentram em seus pontos fortes, comemoram e prosperam com os pontos fortes dos outros. Assim, ao respeitar e valorizar as diferenças alheias, o todo se torna maior do que a soma das partes. Elas progridem com as soluções de terceira alternativa sugeridas pelos demais — soluções melhores do que qualquer pessoa conseguiria encontrar por conta própria.

****

■ DO "EU" PARA "NÓS"

Muitos se dão conta do seguinte: "O mais difícil no casamento ou no fato de ter filhos é que isso muda todo o seu estilo de vida. Não dá mais para se concentrar apenas no próprio cronograma, nas próprias prioridades. É necessário fazer alguns sacrifícios, pensar nas outras pessoas, em atender às suas necessidades e no que as faz felizes."

E isso é verdade. No entanto, quando se ama outra pessoa e compartilha com ela um senso de propósito ao criar o "nós", então o sacrifício nada mais é do que abrir mão de algo pequeno em prol de algo grande. É exatamente essa mudança do "eu" para "nós" que faz da família uma família!

O espírito de querer o melhor para todos e estar disposto a amar e se sacrificar para isso se concretizar é o verdadeiro espírito de ganha/ganha.

É absoluta e dolorosamente espantoso acompanhar a realização de belas cerimônias, repletas de emoção, apoio familiar e romantismo, para em seguida ver esses casamentos fracassarem e acabarem em ressentimentos e na polarização de famílias e amigos que antes se mostravam unidos.

Quando paramos para pensar a respeito, percebemos que as duas pessoas não mudaram tanto assim. No entanto, elas não conseguiram passar da fase de independência para a de interdependência. Mas se ambas crescerem juntas, as progressivas responsabilidades e obrigações vão conectá-las e uni-las de maneiras profundas.

O princípio é o seguinte: o que é importante para a outra pessoa também deve ser importante para você. Em outras palavras, no seu coração você diz: "O meu amor por você é tão grande que não me sentiria bem se eu alcançasse o que eu queria e você fosse infeliz."

Talvez alguns digam que, ao proceder dessa forma, você cedeu, se rendeu ou fez concessões. Mas não é bem assim. Você apenas mudou o seu foco emocional, deixando de lado uma questão menos importante para valorizar a pessoa que ama e a qualidade do seu relacionamento com ela. E, ao fazer isso, o que pode parecer uma situação ganha/perde para os que observam de fora é, na verdade, uma situação ganha/ganha.

Em outras situações pode acontecer que a questão importante para a outra pessoa também seja realmente importante para você e, assim, vocês precisarão se mover em direção à sinergia — encontrar algum propósito ou valor transcendente que os una na busca de uma maneira melhor de alcançar aquele objetivo ou propósito. Mas, como é possível perceber, em todos esses casos o espírito e o resultado final são sempre ganha/ganha.

A abordagem ganha/ganha é, de fato, a única base sólida para uma interação familiar eficaz.

Se pudermos sempre nos ver como seres em constante mudança e crescimento, e que agem de boa fé — e se pudermos manter o nosso destino, o objetivo, em mente —, teremos a motivação e o comprometimentos necessários para buscar sempre a situação ganha/ganha.

■ PRATIQUE A ESCUTA EMPÁTICA

Poucas pessoas foram treinadas para escutar a partir das referências dos outros. Sempre pergunto ao público: "Quantos de vocês foram treinados para ouvir a partir das referências de outras pessoas?" Normalmente, em uma multidão de várias centenas de pessoas, talvez de cinco a dez indivíduos se manifestem. E eu pergunto: "O que vocês fazem da vida?" Com frequência, são professores, instrutores ou terapeutas, treinados para pensar com empatia.

Quando estávamos em nosso período sabático no Havaí, tive uma experiência muito profunda, comovente e emocionante em um daqueles passeios de Honda 90 que fazíamos todos os dias. O pai de Sandra havia falecido recentemente e nós estávamos conversando sobre isso. Falávamos sobre muitos outros assuntos também. Um dos problemas que haviam causado tensão no nosso relacionamento era a fixação de Sandra pela geladeira Frigidaire. Sempre tínhamos de dirigir de Laie até Honolulu, ou de onde quer que estivéssemos morando até um lugar distante para encontrar um revendedor da Frigidaire. E aquilo parecia irracional para mim. Cheguei a providenciar revistas voltadas para os consumidores que analisavam todas as diversas marcas disponíveis, mas ela era obcecada pela Frigidaire.

Bem, em um daqueles passeios, falávamos sobre esse assunto e ela contou sobre o pai, que, além de professor e instrutor, também tinha uma revendedora de eletrodomésticos. Quando voltava para casa ao fim de um extenuante dia de trabalho, ele se deitava exausto no sofá e Sandra cantava para o pai, o que era muito reconfortante para ele. Enquanto ela me relatava um pouco daquelas lembranças, senti sua emoção e percebi que ela estava chorando. Então, ela falou sobre a revendedora de eletrodomésticos. Nos momentos em que a família atravessava dificuldades reais ou problemas com o fluxo de caixa, a fabricante Frigidaire oferecia a reposição do estoque de seus produtos, o que permitiria que seu pai superasse os tempos difíceis e, assim, conseguisse reerguer seu bem-sucedido negócio. Pude sentir sua emoção enquanto ela me contava aquilo tudo.

E me dei conta de que aquela história sobre a Frigidaire fazia parte de sua natureza — de quão importante a marca era para seu pai, de quão importante o pai era para Sandra e de que ele havia falecido recentemente. Então me senti tolo, egoísta e ganancioso.

Na verdade, acredito que quase todos os problemas entre um casal e em uma família sejam causados pelo egoísmo. E foi então que percebi quão descuidado e pouco empático eu havia sido. Isso me abateu e me ensinou: ouça — ouça não apenas as palavras do outro, mas o sentimento que está por trás daquelas palavras. Descubra o que está por trás daquilo e demonstre respeito.

Tenha consciência de que aquilo afeta a vida da outra pessoa. Não se precipite em julgar e apresentar uma análise puramente racional das coisas, com base nas informações das quais dispõe.

Esta foi uma experiência muito poderosa, que me ensinou que o ar está para o corpo assim como sentir-se compreendido está para o coração. Se retirarmos o ar de um ambiente, nenhuma outra necessidade subsistirá. Até que o coração se sinta compreendido, a pessoa não estará aberta à influência.

■ ENCONTRANDO SOLUÇÕES A PARTIR DE UMA TERCEIRA ALTERNATIVA

O Hábito 6 é Crie sinergia. Sinergia significa que, por meio da interação com outra pessoa, você pode chegar a uma terceira alternativa melhor do que aquela que alguém já havia proposto. Fazer concessões significa afirmar que 1 + 1 = 1½. Sinergia significa 1 + 1 = 3, ou 10, ou 100, ou 1.000. Ela também o vincula à outra pessoa, pois vocês a criaram juntos. Ela cria um sistema imunológico, de forma que, uma vez desenvolvida a capacidade de criá-la em torno de um problema, você poderá aplicá-la a qualquer problema que surgir. A natureza do problema não vai fazer diferença.

Isso é fundamental para relacionamentos e para a vida familiar. É importante, também, ser um modelo de sinergia para as crianças, de modo que elas possam trabalhar coletivamente com qualquer pessoa a fim de encontrar uma solução melhor a partir de uma terceira alternativa.

É algo totalmente novo, fora da maneira convencional de pensar. Vocês precisam criar juntos essa terceira alternativa.

Isso significa que estão suscetíveis, abertos. Vocês também se comportam de modo profundamente empático. Quando juntam suscetibilidade e empatia, e sobrepõem essas suscetibilidades, toda a dinâmica e toda a energia mudam da negatividade, da atitude defensiva e do territorialismo para a positividade e a criatividade — disponíveis e abundantes. Isso também significa que a abundância é uma mentalidade de abundância, que vocês sozinhos não têm todas as respostas, e que valorizam o fato de serem diferentes! Cada um de vocês traz para a mesa histórias diferentes, educações diferentes, estilos diferentes. E, então, ao escutar essas diferenças e valorizá-las, vocês começam a criar uma terceira alternativa, e é aqui que o vínculo se estabelece. Uma nova solução é criada, a tal ponto que vocês se sintam profundamente unidos e que os sistemas imunológicos saiam fortalecidos. Esse é o Hábito 6, a criação de uma terceira alternativa.

Em certo sentido, poderíamos intitular o que estamos descrevendo como soluções de terceira alternativa, tanto intrapessoalmente, por meio da sinergia entre os quatro dons humanos únicos (autoconsciência, imaginação, consciência e vontade independente), quanto interpessoalmente por meio da prática dos Hábito 4, Pense ganha/ganha; 5, Tente compreender primeiro, depois ser compreendido; e do 6, Crie sinergia.

■ RESERVE UM TEMPO PARA VOCÊ MESMO

O Hábito 7, Afine o instrumento, reflete o compromisso com a saúde física, mental, social/emocional e espiritual do seu parceiro, e sua família e consigo mesmo.

Sandra e eu criamos o hábito de fazer exercícios juntos, a andar de bicicleta e a nadar. E é muito gratificante fazer juntos coisas que gostamos.

Também lemos muito. Ela lê um tipo de literatura diferente da que eu gosto: eu prefiro os livros teóricos; ela lê livros de ficção e sobre política. Compartilhamos um com o outro o que aprendemos com nossas leituras.

Também aprendemos a ter conversas mais profundas, a fazer cursos, a ter algumas experiências comuns de aprendizagem nos lugares onde vamos, e a frequentar determinadas palestras. Essa é uma maneira de afinar mentalmente o instrumento. Sandra é muito interessada em artes; eu me interesso bastante por elaborar projetos. Nós aproveitamos o benefício sinérgico das diferentes atividades e interesses de que cada um desfruta individualmente.

Em um nível espiritual, nos damos as mãos e oramos juntos pela manhã e à noite. Também meditamos e estudamos, ponderando as nossas escolhas no campo da literatura religiosa. E isso permite o surgimento de uma comunicação bidirecional — na verdade, de três vias, entre nós dois e o nosso Criador.

Socialmente, afinamos o instrumento estando com os nossos filhos e netos, e passando um tempo com os nossos amigos mais queridos. Muitas vezes temos de dizer não a muitas coisas que aparecem, devido à infinidade de projetos em que estamos envolvidos.

"AS PESSOAS QUE VIVEM SOB A ÉTICA DE CARÁTER TÊM RAÍZES FORTES, RAÍZES PROFUNDAS. ELAS SUPORTAM O ESTRESSE DA VIDA E CONTINUAM CRESCENDO E PROGREDINDO."

STEPHEN R. COVEY

Segunda Parte

Criando uma cultura de casamento eficaz

Gostaria de apresentar dois dos meus melhores amigos, John e Jane Covey. Meu querido irmão John é a pessoa que eu conheço há mais tempo na vida, mais do que qualquer outra. John e Jane construíram uma carreira em torno do uso e da aplicação dos 7 Hábitos no lar, no casamento e na família.

■ COLOCANDO OS 7 HÁBITOS À PROVA

JOHN: Bem-vindos a esta seção de perguntas & respostas sobre *Os 7 hábitos dos casamentos altamente eficazes*, elaborada pelo Dr. John e por Jane Covey. Nesta parte, usamos os mundialmente famosos 7 Hábitos para abordar aquilo que vocês podem fazer para melhorar todos os seus relacionamentos, e, sobretudo, o relacionamento como parceiros na criação de uma família.

Agora, respirem fundo. São vocês que definem o próprio casamento ou parceria — seja qual for o nome, trata-se da união de dois adultos que se comprometem a viver uma vida juntos, com ou sem filhos. Sabemos que alguns de vocês estão se perguntando se têm vocação para o casamento. Alguns estão pensando em se casar. Outros têm famílias misturadas, com todos os desafios que isso pode trazer. E há quem esteja procurando ficar mais feliz nos relacionamentos que já possui.

Ensinamos princípios universais e atemporais que ajudaram a fortalecer pessoas em todo o mundo. Portanto, independentemente da sua situação, este conteúdo o ajudará a ser mais feliz.

Nós lhe propomos um desafio. Escolha qualquer um dos 7 Hábitos e pratique-o de forma consistente por 21 dias. Se for até o fim, prometemos que fará escolhas que trarão mais felicidade para a sua vida e para a vida das pessoas com quem convive. Prometemos isso a você.

Os 4 Cs do casamento/parceria

Ao iniciarmos esta breve revisão dos 7 Hábitos para um relacionamento eficaz, precisamos situá-los na estrutura dos 4 Cs do casamento:

- Compromisso
- Caráter
- Comunicação
- Companheirismo

Os Hábitos 1, 2 e 3 estabelecem o **Compromisso**.
Os Hábitos 4, 5 e 6 estabelecem uma **Comunicação** aberta.
O Hábito 7 estabelece o **Companheirismo** altruísta.

Agora vamos começar colocando o caráter e o compromisso em perspectiva. O compromisso mútuo é uma nova mentalidade, uma nova maneira de pensar os muitos anos de vida de solteiro e a infância.

A maioria das pessoas embarca em uma parceria e em um relacionamento romântico acreditando em uma ideia falsa, em um raciocínio falacioso. Elas acreditam que o casamento ou aquela parceria romântica é uma linda caixinha, cheia de todas as coisas que sempre desejaram: companheirismo, intimidade, amizade, filhos. Elas acreditam que viverão felizes para sempre. No entanto, sob uma mentalidade mais apurada, a grande verdade é que, no início, esse compromisso mútuo não passa de uma caixa vazia. É preciso colocar algo nessa caixa antes de poder retirar qualquer coisa. O amor está dentro das pessoas, e elas colocam esse amor em seus relacionamentos: as pessoas precisam incluir o romantismo em seus relacionamentos. O casal deve aprender a arte e criar o hábito de amar e se dedicar, servir, elogiar, fortalecer um ao outro; manter a caixinha cheia. Se retirar mais do que colocou, a caixa ficará vazia.

■ COMPROMISSO MÚTUO

JANE: Os casamentos bem-sucedidos exigem compromisso nos momentos bons e nos momentos ruins, e isso requer caráter. Os Hábitos 1, 2 e 3 estabelecem esse tipo de caráter.

Como exemplo, selecionamos uma história de *Shelter From the Storm* [Abrigo contra a tempestade, em tradução livre], de Mary Pipher. É uma história de amor de um casal que enfrentara um perigo, e cujo caráter e compromisso salvou a vida de ambos. A autora cita uma matéria de jornal sobre um acidente quase fatal ocorrido quando mãe, pai e filhos faziam uma caminhada nas montanhas, à beira de uma cachoeira. Enquanto caminhavam, a mulher escorregou e caiu no rio antes da queda da cachoeira; o homem e os filhos ficaram observando, horrorizados, da margem. Para evitar ser arrastada pela queda-d'água, ela se colocou entre duas rochas. Na margem, o seu marido e outras pessoas tentavam formar uma corrente humana para alcançá-la, mas a velocidade da água impossibilitou essa solução. Outros tentaram lançar para ela uma corda feita de cintos e roupas, mas essa corrente também se rompeu. Então, o marido resolveu entrar sozinho na água gelada, tendo apenas um fino cordão de náilon amarrado em volta da cintura, mas que também se soltou, deixando ambos isolados no rio, no topo da cachoeira. Os que continuavam na margem testemunharam quando o marido levantou a esposa nos braços e suportou a força da água bravia. Depois de permanecer na água por quarenta minutos, o marido mal conseguia se segurar nos rochedos, mas sua esposa conversava calmamente com ele e o ajudava a se manter consciente. Por fim, um guarda-florestal com roupa de mergulho, preso por uma corda aos que estavam na margem, entrou na água, movendo-se em direção ao casal. Outro guarda-florestal se posicionou na água logo abaixo da cachoeira, pronto para tentar pegá-los caso eles caíssem. O casal congelado e exausto pulou em direção a este último guarda-florestal, que conseguiu mantê-los amarrados por tempo suficiente até que outros guardas os puxassem para a margem. Eles receberam bebidas quentes para neutralizar os efeitos da hipotermia e, em seguida, foram levados de avião para um hospital em Denver. Enquanto isso, na margem, o guarda--florestal dizia às crianças assustadas: "Seu pai foi um herói. Ele salvou sua mãe."

Para mim, essa é uma história de amor. O marido fez o que os membros de uma família fazem uns pelos outros em situações de crise. Com apenas uma fina corda de náilon para garantir sua segurança, ele entrou na água gelada, no topo de uma cachoeira, para salvar a vida da esposa. E ela também fez o que os membros de uma família fazem: convenceu o marido a se manter firme quando a esperança já estava se esvaindo e ele estava prestes a desistir.

Não sabemos nada sobre esse casal, sobre o que eles passaram antes daquela situação de crise. Sabemos, sim, que tiveram filhos juntos. Sabemos apenas que, quando o marido viu a esposa correndo risco de vida, abandonou todas as precauções em relação à própria vida e entrou na água gelada para salvá-la. E, então, foi a força interior dela que o salvou. Esse é o amor conjugal. Discutimos, discordamos, às vezes resistimos um ao outro, mas também arriscamos nossa vida para nos salvar.

▪ VOCÊ É CAPAZ DE FAZER ISSO, APESAR DAS DIFICULDADES E DOS DESAFIOS

Este livro é sobre esperança. Este livro é sobre como duas pessoas imperfeitas com visões diferentes sobre coisas pequenas, e também sobre algumas coisas importantes, podem se unir e continuar caminhando contra a correnteza, na água fria e bravia, para salvar uma à outra. Este livro é para pessoas imperfeitas que desejam entrar naquela correnteza para salvar seu casamento.

JOHN: Vamos oferecer a você algumas ferramentas para ajudá-lo a entrar na correnteza dos relacionamentos e da vida familiar. Não se trata de um curativo. Nossa proposta exige uma maneira totalmente diferente de olhar para si mesmo e para o seu parceiro. Exige um compromisso novo. São hábitos, sete, que podem ser praticados e aprendidos. É algo perfeitamente viável.

Mas primeiro você precisa decidir se vale a pena, porque não vai ter essa disposição de entrar nas corredeiras geladas em nome dos outros sem fazer algum tipo de mudança. E a mudança começa com você.

■ CRIANDO UMA CULTURA DE CASAMENTO EFICAZ

Juntos, os hábitos dos parceiros constituem uma cultura de casamento. Que palavras descrevem os SENTIMENTOS que podem resultar dessas duas culturas?

Cultura de casamento nº 1	Cultura de casamento nº 2
Seja reativo: perca a paciência. Culpe os outros.	Seja proativo: fique calmo. Peça desculpas.
Comece sem nada em mente: não planeje nem estabeleça metas.	Comece com o objetivo em mente: tenha um propósito definido.
Primeiro o menos importante: esteja muito ocupado para pensar no outro.	Primeiro o mais importante: arranje tempo para o outro.
Pense de forma ganha/perde: entre sempre em desacordo e se compare com o outro.	Pense de forma ganha/ganha: respeite as necessidades do outro.
Procure apenas ser compreendido: finja ouvir; interrompa.	Tente compreender primeiro: ouça o outro.
Minimize os pontos fortes das pessoas: concentre-se nos pontos fracos.	Crie sinergia: valorize os pontos fortes de cada um.
Viva uma vida desequilibrada: tenha uma crise de exaustão. Pare de aprender.	Afine o instrumento: exercite-se. Aprenda. Divirta-se.

■ OS 7 HÁBITOS SÃO BASEADOS EM PRINCÍPIOS DA EFICÁCIA HUMANA

Os princípios são atemporais e universais. Eles são aplicáveis em todos os países e em todos os relacionamentos.

Hábito 1: Escolha, responsabilidade e iniciativa
Hábito 2: Visão, propósito, compromisso e significado
Hábito 3: Foco, priorização, disciplina e integridade
Hábito 4: Coragem, consideração e benefício mútuo
Hábito 5: Entendimento mútuo, empatia e confiança
Hábito 6: Criatividade, cooperação, diversidade e humildade
Hábito 7: Renovação, aprimoramento contínuo e equilíbrio

"SE VOCÊ QUISER FAZER PEQUENAS MUDANÇAS NA SUA VIDA, APERFEIÇOE O SEU COMPORTAMENTO. MAS SE QUISER FAZER AVANÇOS QUÂNTICOS SIGNIFICATIVOS, APERFEIÇOE OS SEUS PARADIGMAS."

Stephen R. Covey

Hábito 1 • Seja proativo
Trazendo escolha e responsabilidade para o seu relacionamento

Vamos começar pelo Hábito 1, Seja proativo, que fala sobre o compromisso e o caráter necessários para escolher ser proativo, em vez de reativo.

JANE: Para ilustrar o que significa "proativo" e "reativo", eis aqui uma pista visual: imagine que eu tenha duas garrafas em minhas mãos. Na mão direita está uma garrafa de refrigerante, e na mão esquerda, uma garrafa de água. Vou sacudir as duas. Imagine o estado dessas garrafas. A garrafa de refrigerante começa a ficar cheia de bolhas e efervescência. A garrafa de água deve ficar apenas chacoalhando, sem apresentar grandes alterações.

Agora imagine que cada uma das garrafas representa um homem dirigindo em uma via expressa. Esses dois homens estão em pistas paralelas, uma ao lado da outra. De repente, um terceiro carro cruza as duas pistas e faz os dois homens pisarem no freio.

Aquela garrafa de refrigerante cheia de bolhas e pronta para estourar representa um homem. Qual seria a resposta dele? Será que ele tenderia a explodir? Por quê? Porque esse homem é reativo e não proativo. Ele deixa que as emoções controlem sua reação, em vez de dominar o espaço e escolher uma resposta.

E quanto ao homem representado pela garrafa de água? O que ele faria? É provável que ele deixe tudo para lá, se recomponha e siga em frente. Por quê? Porque esse homem é proativo.

Qual é, então, a diferença entre uma pessoa reativa e uma proativa? A pessoa reativa atua no calor do momento, com base nas circunstâncias. Ela age e deixa as fichas caírem aleatoriamente. Enquanto isso, a pessoa proativa para, pensa e escolhe sua resposta com base no que valoriza — talvez seu cônjuge e seus filhos. A pessoa proativa diz: "Não vou reagir com base na ação dos outros. Estou no controle dos meus pensamentos, estou no controle da minha atitude e das minhas ações. Não vou ficar chateada com o que o outro está fazendo comigo. Não sou uma vítima."

> *Um problema sério com a linguagem reativa é que ela se torna uma profecia autorrealizável. As pessoas (...) se sentem vítimas e sem controle, como se não fossem responsáveis por sua vida ou seu destino. Eles culpam as forças externas — as outras pessoas, as circunstâncias e até mesmo as estrelas — por sua situação.*
>
> *Stephen R. Covey*

Digressão: A intenção dos relacionamentos é fazer o cônjuge ou parceiro feliz, e não uma pessoa melhor. Será que você está se perguntando quais seriam algumas maneiras de fazer o seu parceiro feliz, e não melhor?

STEPHEN: Se desejo ter um casamento feliz, devo ser o tipo de pessoa que gera sinergia positiva. Ao projetar a minha identidade, também determino o destino da minha família.

Naturalmente, entro em um casamento ou em um relacionamento com as minhas ideias de como quero que a outra pessoa seja. Tenho expectativas em relação ao meu parceiro ou cônjuge. Mas é um grande erro impor as minhas ideias e expectativas a essa pessoa. Se eu a amo, terei de vê-la primeiro como um indivíduo e, depois, procurarei entender as diferenças. Reduzir os entes queridos à minha ideia do que eles deveriam ser é transformá-los em objetos. E as pessoas não são objetos. Dostoiévski disse: "Amar alguém é vê-lo como Deus o concebeu", não como eu o concebo.

O amor não é apenas um sentimento por alguém; é, também, a disposição de ver esse alguém como uma pessoa autônoma. Isso significa que valorizamos as diferenças — que não apenas as toleramos, mas as celebramos. Celebrar é alegrar-se com as diferenças entre nós, potencializar os dons únicos de cada um.

Interesses diferentes, habilidades singulares, personalidades peculiares — tudo isso torna a vida e o amor fascinantes e irresistíveis. Está relacionado a enxergar a pessoa amada como um tesouro único, e suas diferenças como dádivas. Como diz Steven Stosny, a compaixão "o sensibiliza para a individualidade e a vulnerabilidade dos seus entes queridos. Faz você ver que o seu parceiro é uma pessoa diferente, com uma série de experiências diferentes, um temperamento diferente, vulnerabilidades diferentes e, em certos aspectos, valores diferentes".

A semelhança não é unidade e a uniformidade não é unidade. O casamento é a equipe complementar ideal, em que a unidade é alcançada por pessoas com talentos diferentes, que estão unidas no amor uma pela outra e que valorizam profundamente seus papéis, suas percepções e capacidades diferentes.

Não tente melhorar o seu cônjuge: tente fazê-lo feliz. Temos a tendência de querer que os nossos cônjuges fiquem mais parecidos conosco, como se o nosso caminho fosse o melhor. Como aprendi no meu casamento, isso nunca funciona, e ainda subestima as habilidades únicas que trazemos para o casamento. Em vez de tentar transformar o outro em sua própria imagem, aprecie suas diferenças, evolua com ele e se esforce para tentar fazê-lo feliz.

Vou contar uma breve história. É sobre uma mulher que decidiu se divorciar porque o marido era alcoólatra e ela já estava farta. Eles já haviam criado os filhos e ela não queria mais aturar aquilo. Então, essencialmente, ensinei a ela essa mesma ideia. Não tente melhorá-lo, não tente mudá-lo. E eu disse: "Tente, pelo menos por trinta dias, ser uma luz, não um juiz." Depois de trinta dias, ele estava sem beber havia duas semanas, e os dois se viram mais felizes e mais unidos.

Perguntei a eles o que havia acontecido. Ele disse: "Eu percebi que ela ficou tentando me cobrir de gentilezas." E ela comentou: "No início fiquei mesmo, mas aos poucos foi se tornando um hábito, e eu comecei a gostar." E ele confirmou: "Depois de umas duas semanas, também passei a gostar, e comecei a pensar no que importa de verdade."

Foi emocionante constatar como aquele casamento foi literalmente curado ao se tornar uma luz — isto é, um exemplo, um modelo de alguém que se dedica, que é gentil, e que nunca julga.

Digressão: Quando se lida com um segundo casamento ou parceria, aqueles dois indivíduos vieram de uma parceria de vários anos que chegou ao fim e talvez sejam dois indivíduos comprometidos em não corrigir seus erros.

JOHN: A primeira coisa e a mais importante que recomendo é aprender os 7 Hábitos. Leiam, estudem. Os 7 Hábitos vão lhes proporcionar uma nova mentalidade, mudando da reatividade para a proatividade. Eles lhes darão um novo conjunto de habilidades, de modo que vocês procurem primeiro compreender, em vez de ser compreendidos. E eles vão lhes proporcionar um novo conjunto de ferramentas. Eles os ajudarão a criar, juntos, uma missão daquela parceria, para que ambos se sintam autorizados a aprimorá-la. Eles vão lhes ensinar todos os 7 Hábitos, para que ambos percebam o valor de compreender, em vez de julgar. E, então, o Hábito 7, Afine seu instrumento, permitirá que vocês se renovem juntos.

Tenho um amigo querido que acabou de se casar novamente após a morte da primeira esposa. Eu perguntei: "Como está sendo essa experiência? Como é se casar com uma nova pessoa?" Ele respondeu: "Aprendi uma grande verdade: não tente mudar o outro. Durante o nosso namoro, concordamos que não tentaríamos mudar um ao outro. Nos aceitaríamos e tentaríamos nos fazer felizes." E concluiu: "É realmente um desafio. Mas está funcionando."

> No caso das famílias mistas, a minha experiência atesta que o Hábito 2 é essencial para o sucesso. Deve-se criar uma missão e construir tradições exclusivas em conjunto, definindo tudo isso como o núcleo do compromisso. Com isso, ambos se fortalecem, se unem e conseguem sobreviver à torrente.

■ VOCÊ TEM A LIBERDADE DE ESCOLHER A SUA RESPOSTA

JOHN: Pessoas reativas não têm um botão de pausa. Eles se exaltam no calor do momento. As pessoas proativas apertam o botão de pausa, pensam nas consequências, se acalmam e, então, fazem suas escolhas com base em seus valores.

Em poucas palavras, quando começamos a pensar que o problema está lá fora, fora de nós, esse exato pensamento é o problema.

Pessoas proativas não estimulam as discussões — elas respiram fundo. Repensam a situação. Não agem com raiva, mas a controlam. Fazem algo para distrair a mente, como pensar em outra coisa, dar uma caminhada, ouvir música. Elas se perguntam: "O que está sendo exigido de mim agora?"

JANE: Como seres humanos, temos a liberdade de escolher a nossa resposta. Temos o dom da autoconsciência. Temos imaginação, temos consciência e uma vontade independente. Podemos nos reinventar. Podemos mudar voluntariamente. Podemos aprender a dar uma pausa. Podemos aprender a repensar, a ponderar as consequências das nossas escolhas, e podemos fazer as nossas escolhas com base nos nossos valores. Podemos ser responsáveis — isto é, ser capazes de responder.

JOHN: Permitam-me dar um exemplo. Tive uma revelação anos atrás. Jane e eu já éramos casados fazia muitos anos, e comecei a perceber que estava voltando do trabalho com uma atitude crítica em relação a Jane e às crianças. Eu chegava do trabalho e dizia: "Puxa, essa casa está uma bagunça; o que vocês fazem o dia todo?"

Em sua opinião, quais foram as consequências dessa ação? Bem, magoei Jane, prejudiquei o nosso relacionamento e gerei uma resposta baseada na raiva. Eu estava inferindo algo a partir de uma mentalidade obsoleta, uma maneira incorreta de analisar as coisas. Felizmente eu mudei. Usando os meus dons de autoconsciência e consciência, percebi o que estava fazendo.

Minha solução foi apertar o botão de pausa na garagem, antes mesmo de entrar em casa. Eu voltava do trabalho e, antes de sair do carro, parava na garagem e pensava: "Tudo o que eu amo e todos com quem me preocupo estão nessa casa. É em nome disso que saio para trabalhar todos os dias." Então, eu saía do carro, me aproximava de casa e, quando chegava com essa nova mentalidade, uma mentalidade proativa, eu abria a porta e gritava: "Cheguei, pessoal, tentem se conter!" Nem era preciso fazer mais nenhuma pausa; eu desatava a rir, pegava uma criança pela mão e começava a ajudar. E, finalmente, ia até Jane e dizia: "Querida, como você está? Como foi seu dia? Como posso ajudá-la?"

E se eu nunca tivesse aprendido a ser proativo? E se eu nunca tivesse aprendido a lidar com as emoções negativas ou os valores negativos? E se eu apenas falasse o que penso, independentemente de quais fossem as consequências?

O hábito primordial dos 7 Hábitos é ser proativo, e não reativo, e as consequências disso são respeito, valorização mútua, paciência, um relacionamento duradouro. É a construção da confiança.

> *O caráter humano emerge do compromisso que as pessoas assumem umas com as outras e o casamento é a forma suprema desse compromisso.*
>
> *James Q. Wilson*

* * *

■ VOCÊ PODE ESCOLHER A SUA RESPOSTA

Uma mentalidade proativa pressupõe que um bom relacionamento estável e saudável não requer duas pessoas perfeitas. Requer apenas a vontade de fazer os ajustes necessários para permanecer juntos por toda a vida e desfrutar da companhia um do outro.

JANE: Muitas pessoas acreditam que não têm nenhum controle sobre o que está acontecendo com elas. Costumam dizer: "Nasci com o pavio curto. Meu pai era assim, meu avô também; todos na família têm temperamento forte, está nos nossos genes." Ou então: "Ei, sou mal-humorado de manhã, sempre fui, então aprenda a lidar com isso. É genético." Ou ainda: "É o meu ambiente doméstico que me transforma nessa bruxa. Posso ser uma mulher amável e charmosa, mas, se você conhecesse o cara que me espera quando volto para casa à noite, também agiria assim. Não é culpa minha."

A verdade é que todos somos influenciados pelos nossos genes e pelo nosso ambiente, seja o mais antigo ou o atual. Mas não somos determinados por eles. Não posso controlar a minha etnia, quem eram os meus pais, quão baixa ou alta eu sou, mas posso controlar a minha resposta a isso. Você pode controlar o humor, o temperamento ou as emoções do seu parceiro? Não. O que está ao seu alcance é escolher a sua resposta.

John e eu demos um curso para os funcionários de um grande banco. Terminado o curso, descemos até a plateia, pois queríamos conhecê-los, apertar sua mão, olhar nos seus olhos, conversar com eles, tentar conhecer um pouco aqueles que haviam comparecido. Depois de alguns minutos, me vi ao lado de um homem. Ele aproximou o rosto do meu, olhou-me nos olhos e disse: "Você falou em ser proativo. E se a pessoa tiver um temperamento forte e, ao longo de toda a vida, nunca tiver conseguido controlá-lo?"

Encarei-o e respondi: "Nesse caso, é provável que essa pessoa seja odiada pelo parceiro e pelos filhos."

Ele pareceu chocado com o fato de eu ter respondido aquilo. Irritado, deu as costas e foi embora. Também me virei e fiquei desestabilizada por ter ousado dizer algo tão impetuoso. Porém, ao ouvi-lo e encará-lo, percebi que aquele homem tinha a capacidade de escolher sua resposta com base naquilo que ele valoriza.

Quão destrutivo é para o seu relacionamento quando você escolhe ser violento e irritado?

Em outro evento, tínhamos acabado de ensinar o Hábito 1, destacando a importância de ser proativo e de escolher sua resposta, quando uma mulher que estava na nossa turma levantou a mão e disse: "Eu costumo gritar. Vocês estão me dizendo que eu não preciso gritar se não quiser?"

A turma inteira respondeu: "Não, não precisa."

Na manhã seguinte, John perguntou à classe: "Alguém disse ou fez algo novo ontem à noite?"

A mesma mulher levantou a mão novamente: "Ontem à noite, quando voltei para casa, decidi não gritar. Tenho um marido, um enteado e um bebê de 2 anos. Todos os dias eu grito com eles, o dia inteiro. Na noite passada não gritei nenhuma vez. Sou capaz de fazer isso." A turma inteira aplaudiu.

No Hábito 1, você estabelece que está no comando. Você está no controle do que pensa e do que permite que saia de sua boca.

Pratique o Hábito 1
Seja proativo

Vamos tentar colocar o Hábito 1 em prática agora.

Faça a si mesmo as seguintes perguntas ao considerar a sua nova mentalidade proativa:

- Quais comportamentos proativos você tem e deseja manter no seu relacionamento?
- Quais comportamentos reativos você tem e deseja interromper?
- Você acredita que, se for proativo em vez de reativo, fará escolhas que trarão felicidade para você e para os outros?

Definição de proatividade: escolhemos as nossas respostas com base nos nossos valores, no que é mais importante para nós.

Definição de reatividade: reagimos com base na situação ou nas atitudes das outras pessoas, em como estamos nos sentindo naquele momento.

Temos o poder e a liberdade de escolher, de criar o nosso próprio clima todos os dias.
Stephen R. Covey

■ CONCENTRE-SE NO CÍRCULO DE INFLUÊNCIA

Quando você é proativo, se concentra no que é capaz de influenciar, sem se preocupar com o que não é capaz de influenciar. Você trabalha de dentro para fora.

■ O QUE VOCÊ É CAPAZ DE INFLUENCIAR NA VIDA?

Pense na sua vida como dois círculos:

- *Círculo de preocupação:* O que o preocupa na vida, mas está fora da sua influência direta.
- *Círculo de influência:* O que você pode afetar diretamente na vida — em especial você mesmo, e as coisas que é capaz de influenciar, como a confiança.

O que na sua vida se enquadra em cada um dos círculos?

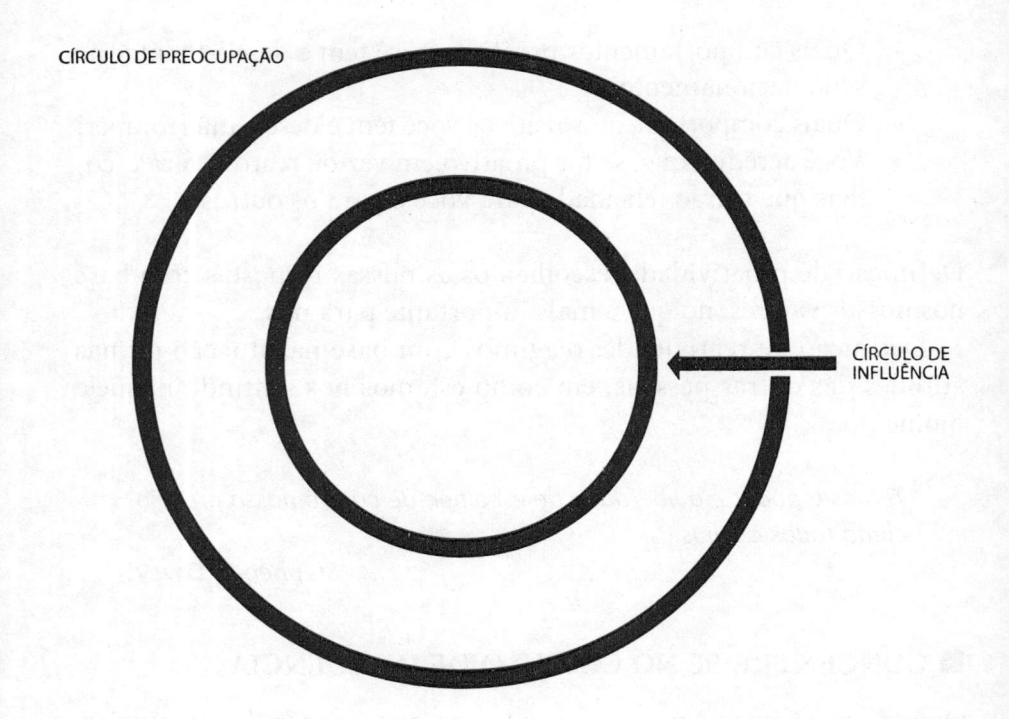

CÍRCULO DE PREOCUPAÇÃO

CÍRCULO DE INFLUÊNCIA

■ FOCO PROATIVO: ATIVIDADE DO CÍRCULO DE INFLUÊNCIA

1. Resuma uma situação no seu casamento que o preocupa e na qual você pensa com frequência.

_____

_____

_____

2. Quais são as questões específicas que o preocupam e que você não consegue controlar?

_____

_____

_____

3. Quais são as coisas sobre as quais você tem alguma influência ou controle?

_____

_____

_____

■ COMO VOCÊ PODE FAZER ESCOLHAS PROATIVAS?

Antes de reagir a uma situação emocional, use a sua liberdade de escolha para:

1. Pausar: Aperte o "botão de pausa".
2. Pensar: Quais seriam escolhas proativas e suas consequências?
3. Escolher: Escolha a melhor resposta.

O que acontece com você   1. Pause   →   **Sua resposta proativa**
                                          2. Pense
                                          3. Escolha

O seu parceiro lhe diz algo cruel. Você fica irritado.

Vamos aplicar a esse desafio as três etapas às quais você acabou de ser apresentado na atividade do Círculo de influência.

Pause: Da próxima vez que isso acontecer, o que você fará para apertar o "botão de pausa"?

Pense: Quais seriam algumas respostas proativas dentro do seu Círculo de influência?

Escolha: Qual das respostas lhe trará os melhores resultados?

_____

_____

_____

"COMO NOSSA VIDA É DIFERENTE QUANDO SABEMOS DE VERDADE O QUE É PROFUNDAMENTE IMPORTANTE PARA NÓS."

Stephen R. Covey

Hábito 2 • Comece com o objetivo em mente
Trazendo propósito e visão para o seu relacionamento

O Hábito 1 nos recomenda ser proativos. Você é responsável por si mesmo, por seus pensamentos, suas atitudes e ações — você não é uma vítima. Então, se é responsável por si mesmo, o Hábito 2 propõe as seguintes perguntas:

- Quem é você?
- O que você significa?
- Quais são os seus valores?

Ele está relacionado ao desenvolvimento de uma imagem definida de quem você é, quais são os seus valores e onde quer chegar com os seus compromissos de relacionamento.

■ MONTANDO O SEU QUEBRA-CABEÇA INDIVIDUAL SEM UM OBJETIVO EM MENTE

JANE: Digamos que você e o seu parceiro tenham acabado de ser convidados a montar um quebra-cabeça. Como já montaram muitos desses quebra-cabeças antes, vocês ficam animados. Retiram as mil peças da caixa, espalhando-as sobre uma grande mesa. Em seguida, pegam a tampa para observar o que estão montando, mas não há nenhuma foto. A tampa está em branco. Como vocês conseguirão terminar o quebra-cabeça sem saber como ele deve ficar no final? Se vocês tivessem apenas um segundo para olhar a imagem final, já seria o suficiente. Que diferença isso faria! Sem essa imagem, vocês não têm a menor ideia de por onde começar.

* * *

Agora, pense na relação entre você e o seu parceiro e nas suas mil peças. Vocês têm um objetivo em mente? Têm uma imagem definida do que desejam para o seu casamento daqui a um ano, daqui a cinco anos, ou não têm a menor ideia?

■ CRIANDO UM PLANO DE VOO PARA A SUA PARCERIA

O Hábito 1 diz que você é o condutor da sua vida, e não apenas um passageiro. O Hábito 2 diz que, já que você é o condutor, então decida para onde vocês dois querem ir. Elaborem um mapa para chegar lá.

- O que vocês mais gostam no fato de estar juntos?
- Por que querem ficar juntos?
- Quando passaram por momentos difíceis, por que preferiram superá-los em vez de desistir?

No Hábito 2, cria-se a chamada declaração de missão do relacionamento. Ela deve ser colocada em uma moldura e pendurada no seu quarto. É um lembrete visual dos compromissos mútuos estabelecidos. Vocês se comprometem um com o outro a serem mental, física e espiritualmente fiéis.

O casamento não é apenas criar filhos, dividir tarefas ou fazer amor. Vocês estão, literalmente, criando uma nova vida juntos. Vocês estão criando um lar repleto de simbolismo, tradições e rituais. Em um casamento, é desenvolvido o apreço pelos papéis que os mantêm unidos, que os levam a entender o que significa fazer parte de um lar e construir uma família.

Como se cria uma missão de um casamento? Em um momento de tranquilidade, quando vocês puderem se concentrar totalmente um no outro, façam estas perguntas:

- O que vocês se lembram das férias vividas na infância e dos tempos que passaram juntos em família?
- Quais eram as das tradições da sua família?
- Quais dessas tradições adotaram para a própria família?
- Há alguma tradição que gostariam de implementar, mas que ainda não implementaram?

O Hábito 2 diz respeito à definição do que vocês desejam que a sua parceria signifique. Como queremos que o nosso casamento esteja daqui a cinco, dez anos? Não podemos controlar como o mundo estará, mas temos controle sobre o que queremos fazer na nossa casa.

> *Na maior parte do tempo, os casamentos perdem o rumo! O segredo é manter um ponto de encontro e continuar regressando a ele.*
>
> Stephen R. Covey

* * *

■ O QUE VOCÊS QUEREM QUE O SEU RELACIONAMENTO SIGNIFIQUE?

Por onde, então, devemos começar com esse modelo de casamento? Vocês começam definindo separadamente e depois em conjunto o que é importante na sua vida e no seu casamento. Vocês decidem isso. Se não sabem o que é importante para vocês, quem mais poderá saber? Se vocês dois não decidem o que valorizam, quem vai decidir no seu lugar? A TV? Os filmes? Vocês realmente querem que a cultura de hoje determine o que é melhor para o seu casamento? Há trinta anos, a cultura era mais aberta à ideia de família. Hoje em dia, a cultura tem sido descrita como tóxica para o casamento e prejudicial para a família.

Digressão: Quando as coisas ficam difíceis: lidando com diferenças irreconciliáveis e preservando o casamento.

STEPHEN: Em muitos casos, o divórcio decorre de uma traição real — abuso físico ou infidelidade —, mas, frequentemente, é resultado de uma espiral debilitante do pensamento de duas alternativas. Com essa mentalidade — ou melhor, com esse sentimento —, o amor se transforma em profundo desrespeito. Alguns casamentos se transformam em grandes debates repletos de rancor. Os membros da família se tornam bons ou maus e tudo se resume ao "meu lado contra o seu". Algumas famílias são afetadas por formas menos evidentes e mais matizadas de abuso emocional, como discussões, picuinhas e maledicências de menor importância, em uma espécie de competição perversa para ver quem consegue deixar quem mais infeliz: "Se você me amasse, limparia aquela garagem" ou "Eu trabalho duro todo dia e qual é o agradecimento que recebo?" ou ainda "Eles também são seus filhos, sabia?". Os muros vão sendo erguidos aos poucos, quase imperceptivelmente, até que o mais absoluto silêncio reine.

A "incompatibilidade" é o motivo de divórcio citado com mais frequência. A palavra pode abranger uma gama de problemas — financeiros, emocionais, sociais, sexuais —, mas se reduz ao ressentimento das diferenças, em vez de sua valorização: "Nunca estivemos de acordo", "Não consigo entender como ela pensa" ou "Ele é totalmente irracional". Com o tempo, o desespero se instala e o divórcio parece ser a única saída.

Em contrapartida, grandes casamentos surgem apenas quando os parceiros valorizam as diferenças existentes entre ambos. Nesse caso, culturas, peculiaridades, talentos, forças, reflexos e instintos que cada parceiro traz para o casamento tornam-se fonte de satisfação e criatividade. A impaciência dele o torna péssimo na contabilidade, mas sua espontaneidade o torna divertido. A reserva dela às vezes o frustra, mas seus modos aristocráticos o impressionam e encantam. E, pelo fato de se estimarem muito, eles conjugam alegria e dignidade.

Quando as pessoas se casam, elas têm a oportunidade de criar uma terceira alternativa, uma cultura familiar única que nunca existiu antes e nunca existirá novamente. Além de suas características individuais inatas, cada parceiro representa uma cultura social já formada, um conjunto de crenças, normas, valores, tradições e, até mesmo, uma linguagem. Um vem de uma cultura familiar em que os relacionamentos são profundos, mas um pouco distantes, em que os conflitos são suprimidos ou administrados discretamente, de forma privada. Outro vem de uma cultura familiar em que os relacionamentos são expansivos e amorosos, em que os conflitos explodem como vulcões e depois se atenuam e são esquecidos. Agora, surge uma nova cultura. A sinergia está na relação entre essas duas culturas preexistentes. A sinergia pode ser positiva ou negativa, dependendo da mentalidade dos parceiros. Se, para eles, as diferenças forem ameaçadoras, isso será um problema. Por outro lado, se eles se encantarem com as diferenças, com o aprendizado mútuo e com a exploração do que há de novo e diferente em cada um, irão prosperar. Alguém, certa vez, disse: "Me casar foi como me mudar para um país estrangeiro. No início, foi interessante ter de me acostumar com os hábitos estranhos da minha esposa. Ela se sentia da mesma forma, mas agora sabemos que as descobertas nunca terão fim. É a maior de todas as aventuras."

Uma advertência: quando digo "Valorize as diferenças", não estou dizendo que é preciso tolerar nada de ilegal ou repugnante. Ninguém deveria ter de aturar vícios ou permanecer em um relacionamento emocional ou fisicamente abusivo sem recorrer à ajuda das autoridades competentes. Em minha opinião, deveríamos enfrentar com coragem os comportamentos abusivos, de modo imediato e sem nenhuma demora.

Ainda assim, na ausência de comportamento ilícito, o conflito conjugal geralmente acontece quando duas culturas entram em atrito devido a um choque de valores, crenças e expectativas. As pessoas não se casam para brigar ou causar dor umas às outras, mas metade de todos os casamentos fracassa porque nenhum dos dois consegue criar uma terceira alternativa dinâmica que transcenda ambas as culturas.

> *Além daqueles que já mencionei, recomendo que vocês encontrem um valor maior que os una, maior do que as diferenças irreconciliáveis, especialmente se essas diferenças irreconciliáveis forem diferenças menos nocivas. E, então, terão um problema de convergência, em vez de um problema de divergência. Nesse momento, vocês não estarão mais caminhando em direções opostas. Em vez disso, estarão unidos em prol de um valor mais elevado, como os seus filhos, e a felicidade e o crescimento deles. E isso, talvez, permitiria que as pessoas subjugassem, ou tornassem secundárias, as chamadas diferenças "irreconciliáveis".*

Pratique o Hábito 2
Elabore a missão do seu relacionamento

JOHN: Agora vamos analisar o que o Hábito 2 nos promete. Acreditamos que, se começar com o objetivo em mente, se tiver uma visão compartilhada devidamente discutida, e se souber o que deseja que o seu casamento e o seu lar signifiquem, fará escolhas que trarão mais felicidade para você e as outras pessoas com quem convive.

Estabelecer a missão do casamento captura os principais propósitos e valores da nossa vida, além de oferecer visão e sentido. Ela lembra aos casais o que deve ser aceito e rejeitado ao se tomar uma decisão importante. Eis aqui alguns exemplos de missão redigidas por casais:

- Amar um ao outro.
- Ajudar um ao outro.
- Acreditar um no outro.
- Usar nosso tempo e nossos talentos e recursos para fortalecer outras pessoas.
- Orar juntos.

Outro casal escreveu: "Como parceiros em pé de igualdade, queremos amar, nos divertir, ensinar e aprender. Nós somos um time."

E outro ainda: "Não culpamos nem acusamos. Simplesmente, perguntamos um ao outro: 'Você pode me ajudar a entender?'"

Nossa missão consiste em apenas três palavras: **Nenhuma cadeira vazia**, o que para nós significa que podemos perder alguém em função de uma separação ou da morte, mas, emocionalmente, aquela pessoa nunca estará distante de nós. Emocionalmente, queremos que todos sejam incluídos.

O que a sua missão vai afirmar? Criem uma missão que lhes sirva de inspiração. Coloquem em uma moldura e pendurem na parede da sua casa. Ela será o modelo para o seu casamento e lhes informará onde vocês querem estar daqui a cinco anos. Ela é o que vocês são. — Jane Covey

* * *

■ ATIVIDADES COM SEU/SUA CÔNJUGE/PARCEIRO(A)

Gostaríamos de convidar cada um dos integrantes do casal a passar 15 minutos sozinho, separado do parceiro. Desligue a TV e os smartphones, e vá até algum lugar onde não seja incomodado. Pegue um lápis e uma folha de papel em branco e escreva: "O que eu quero que o meu casamento signifique." Mantenha o lápis sobre a folha de papel e escreva por cinco minutos. Não se preocupe com a gramática nem com a ortografia — isso é apenas para você.

Em seguida, ambos devem comparar o que escreveram. O que estão identificando agora é o que vocês valorizam. Juntos, selecionem uma ou duas frases que pareçam representar os valores do seu casamento.

■ OS SEUS VALORES

É importante identificar o que é mais importante para você e para o seu parceiro — esses são os seus valores.

Valores são a prioridade dada às pessoas, coisas e princípios. Explorem o que cada um mais valoriza, completando as declarações.

Comece da seguinte maneira:

O que é mais importante para mim
1. As três coisas mais importantes para mim
2. Um traço de caráter que admiro muito
3. Algo por que arriscaria a minha vida

O que fazemos juntos
 4. Palavras que descrevem como eu quero que o meu parceiro me trate
 5. Dois objetivos principais do nosso casamento
 6. Algo que eu quero que o meu parceiro saiba

O modo como respeitamos os outros
 7. Os amigos se sentem acolhidos quando nós...
 8. O meu momento favorito em que fizemos algo por outra pessoa foi quando...
 9. Algo que eu quero que as pessoas digam sobre o nosso relacionamento

> *Se vocês me perguntassem "O que teria o maior impacto positivo no meu casamento?", eu responderia: "Trabalhe com o seu parceiro para desenvolver a missão do casal." Será a atividade de liderança mais importante e de longo alcance que vocês poderão executar.*
>
> *Stephen R. Covey*

* * *

■ MISSÃO DO CASAL

Agora reúna as ideias de ambos para criar a missão do casal. Ela é como uma constituição segundo a qual você e seu parceiro vivem e que os ajuda a tomar decisões para a vida em comum. Ela representa o propósito e os valores da sua família, e permitirá que vocês moldem o futuro de acordo com os princípios que ambos cultivam enquanto casal. A missão assume muitas formas. Algumas são longas, outras são curtas. Elas podem assumir a forma de um ditado ou uma frase, uma imagem, um poema ou, até mesmo, uma canção. Personalize-a de acordo com o seu relacionamento.

■ COMECE SEGUINDO ESTAS ETAPAS

Três regras básicas para criar a missão do casal

1. Escute com respeito.
2. Reafirme com precisão.
3. Grave ou anote as expressões.

Etapa 1: Conheça a natureza do seu relacionamento
Discuta as seguintes questões com o seu parceiro:

1. Como tratamos um ao outro?
2. Quais contribuições únicas podemos fazer enquanto equipe?
3. Quais grandes objetivos queremos alcançar juntos?
4. Quais talentos e habilidades únicos cada um de nós tem? E quais talentos e habilidades únicos são complementares?
5. O que nos define na vida?
6. Qual é a nossa identidade como casal?
7. O que nos faz querer voltar para casa?
8. Quais são as coisas realmente importantes para nós como casal?
9. Quais são as maiores prioridades da nossa família?
10. Quais são os princípios sobre os quais queremos que a nossa família opere (como confiança, honestidade, bondade, prestação de serviços etc.)?

Outras considerações podem incluir:

- Como pretendemos agir como pais?
- Como vamos tratar um ao outro?
- Como vamos controlar as finanças na nossa vida?
- Como trataremos nossos filhos?
- Que tipo de parceiro eu quero ser?
- Como posso encorajar e ajudar o meu parceiro em suas aspirações e responsabilidades?
- Discutam ideias, palavras e frases para incluir na missão. Lembrem-se: não ter a menor ideia é uma má ideia.

- Comecem a esboçar a sua missão, mas lembrem-se: ela não precisa ser concluída de uma só vez. Pode ser um trabalho em contínuo desenvolvimento, até que vocês estejam satisfeitos com o resultado.
- Afixem a declaração em um lugar de destaque na sua casa, onde vocês possam consultá-la e levá-la em consideração ao tomar decisões ou se envolver em discussões.

Etapa 2: Escreva a missão do casal

Os critérios de uma boa missão do casal são:

- Escreva-a como se fosse atemporal.
- Lide tanto com os fins quanto com os meios.

As quatro partes da missão do casal são:

1. Características desejadas da casa.
2. Efeito desejado sobre os membros da família.
3. Propósito significativo.
4. Fonte de poder identificada (princípios).

Advertências sobre a missão:

- Não a apresse.
- Não a imponha.
- Não se esqueça dela.

Digressão: Redigindo a missão do casal, na condição de família mista.

Duas famílias que se unem para formar uma nova têm desafios únicos que, se adequadamente enfrentados, podem resultar em relacionamentos duradouros e significativos entre todos os envolvidos. Talvez vocês queiram considerar as seguintes sugestões ao formular a missão da sua família: em primeiro lugar, dediquem algum tempo ao desenvolvimento da missão do casamento, tendo em mente que vocês dois precisarão se tornar uma força unificada e estável na família. Reafirmem o seu propósito em ter uma família mista. Cheguem a um acordo sobre pontos fortes, valores e princípios comuns. Determinem como vocês podem se tornar uma equipe e compartilhar as responsabilidades da liderança familiar de maneira cuidadosa e sensível.

Definam entre vocês quem vai corrigir o comportamento dos filhos e quando e como isso se dará. Combinem maneiras específicas de disciplinar (e não de punir) as crianças para que o ensinamento e o crescimento ocorram sem nenhum prejuízo às relações afetuosas. Apoiem-se como pais. Promovam uma noite de encontro e passem um tempo frequente juntos. Vivenciem os princípios e exemplifiquem os valores sob os quais desejam que a família mista viva. Esse processo pode levar algum tempo, mas criará credibilidade.

Procurem desenvolver relações afetuosas e amorosas com cada filho. Isso também levará algum tempo. Sejam verdadeiros amigos, além de pais. Façam depósitos regulares em suas contas bancárias emocionais, como guardar segredos, ouvir para compreendê-los e praticar pequenos gestos de gentileza. Quando ambos sentirem que criaram relações calorosas e de confiança com todos os filhos, e eles se sentirem ouvidos e compreendidos, provavelmente se mostrarão receptivos à sua influência. Essa é a hora de começar a desenvolver a missão da família e de criar uma visão familiar comum. Certifiquem-se de que todos os membros da família estejam profundamente envolvidos no processo, para que todos se sintam responsáveis pela missão familiar. Sejam pacientes e levem o tempo que for necessário.

Digressão: Redigindo a missão do casal de avós e administrando com sucesso a síndrome do ninho vazio.

Depois de décadas de casamento, e possivelmente de muitos anos criando os filhos, vocês agora entram naquela etapa da vida na qual só sobraram você e o seu parceiro. Isso pode ser um pouco assustador, pois até então estiveram envolvidos com a criação dos filhos.

E agora podem curtir os netos. Alguém já disse: "Eu vi as magníficas luzes de Paris à noite, eu vi as luzes soberbamente lindas de Nova York à noite, mas nenhuma luz é tão bonita quanto as luzes dos faróis traseiros quando vejo meus filhos levando os meus netos para casa." Isso é um tanto cínico, mas vocês vão aproveitar algum tempo a sós. Mas, honestamente, se alguém me perguntasse quais são meus momentos mais felizes, eu não teria dúvidas em afirmar que é passar tempo com os netos e tê-los ao nosso redor.

Quando se tornarem avós, vocês podem redigir uma missão sobre a sua própria vida e sobre como desejam se relacionar com seus filhos adultos e seus netos. Lembrem-se de que nunca é tarde para serem os pais sábios dos seus filhos adultos, ajudando-os de maneira sensível e atenciosa. Eles vão precisar de vocês — por toda a vida. E, mesmo que não assumam, é isso o que eles sentem na intimidade. Vocês podem pensar em formas de apoiar seus filhos adultos e sua família. Uma declaração de missão dos avós pode ser desenvolvida revisando e renovando a declaração de missão do casamento e os papéis na família como pais e avós. Considere os seus sonhos para o futuro: a aposentadoria e a forma de lidar com os desafios da velhice, incluindo a perda do seu parceiro nos próximos anos, devem ser levados em conta e planejados com seriedade.

Os avós podem pensar em uma missão que abarque três gerações. Pensem em atividades que agreguem todas elas, como férias, feriados e aniversários. Que atividades familiares e da família estendida vocês gostariam de praticar para ajudar a preservar o contato e cultivar as relações? Considerem envolver os seus filhos e netos na elaboração dessa missão de três gerações.

"A MAIORIA DE NÓS GASTA TEMPO DEMAIS COM O QUE É URGENTE, E NÃO O TEMPO SUFICIENTE COM O QUE IMPORTA."

Stephen R. Covey

Hábito 3 • Primeiro o mais importante
Arranjando tempo para o nosso tempo

Vamos colocar as coisas mais importantes em primeiro lugar.

JANE: Vou contar para vocês a história de Marisa e Luís. Eles emigraram do Brasil para o Arizona. E trouxeram consigo seus filhos gêmeos de 4 anos e a mãe de Marisa. Alugaram um apartamento para a família e um pequeno apartamento para a mãe de Marisa nas redondezas. Luís conseguiu um cargo na área de manutenção de um hospital e Marisa também arranjou um emprego. Eles colocaram os meninos na creche.

Com o passar dos meses, a reputação de Luís como faz-tudo se espalhou, a ponto de ele ficar mais ocupado à noite do que durante o dia. Marisa vinha trabalhando demais e ganhava um salário muito baixo, cuidava da mãe e voltava para casa cansada e frustrada. Um dia, ela recebeu um telefonema da creche dizendo que os meninos estavam brigando entre si e com as outras crianças. Marisa e Luís mal conseguiam se encontrar — estavam exaustos e ocupados demais para dar atenção um ao outro.

Sem avisar, Marisa decidiu ir ao hospital conversar com Luís. Ela estava caminhando por um longo corredor quando o viu encostado em uma parede, conversando intimamente com uma bela moça. Enquanto Marisa os observava, ela pensou: "Às vezes esqueço o quanto Luís é bonito." Ela também pensou: "Luís e eu corremos o risco de perder o nosso casamento, e, se isso acontecer, perderemos tudo pelo que temos trabalhado."

Naquela noite, eles conversaram e tomaram decisões importantes. Marisa disse: "Estou querendo largar o meu emprego. Ele exige demais de mim, e ganho muito pouco. Podemos economizar algum dinheiro trazendo a minha mãe para morar conosco." E eles decidiram tirar os meninos da creche e mantê-los em casa.

Mais tarde, quando questionada sobre como estavam as coisas, Marisa comentou: "Não é fácil viver com apenas uma fonte de renda, mas, quando Luís chega em casa, estou relaxada. Nossa vida íntima está melhor do que nunca. E aos domingos levamos os meninos ao parque." Marisa e Luís afirmaram: "O nosso casamento é protagonista, não é coadjuvante, e estamos nos empenhando para mantê-lo assim."

Essa é a história de um casal que chegou a um acordo e declarou: "As coisas não estão indo bem para nós." Eles fizeram uma escolha proativa para implementar algumas mudanças. Talvez isso não seja o que você ou eu escolheríamos fazer, mas essa não é a questão. O que quero dizer é que Marisa e Luís fizeram algo diferente para manter o seu relacionamento na condição de protagonista, sem precisar transformá-lo em coadjuvante.

Digressão: As coisas que devem ser feitas para manter o seu casamento em primeiro lugar.

JANE: Estabelecemos o compromisso de passar um tempo juntos e essa decisão deve ser intencional. Ela não acontece de modo espontâneo. Vocês precisam dizer "Este é o nosso tempo", arranjar um tempo efetivo para isso e, então, considerar esse momento como sagrado.

JOHN: Reservamos um instante para o planejamento, em que nos sentamos, programamos a semana e compartilhamos nossas expectativas. Aconselhamos manter uma agenda para anotar os eventos e as pessoas mais importantes no seu relacionamento (as pedras mais valiosas), de modo que sua agenda seja preenchida, primeiro, por tais pedras — elas são as suas prioridades: a sua fé, o seu cônjuge e todas as outras coisas desse tipo.

■ RESERVE UM TEMPO PARA O QUE É MAIS IMPORTANTE

Como você prioriza o seu casamento? Como começa com esse objetivo em mente? Reserve um tempo para estar sozinho com o seu parceiro. Você precisa se comprometer conscientemente a colocar o seu relacionamento em primeiro lugar. Todos os dias, diga ao seu parceiro o quanto ele é importante para você. Vocês devem conversar sobre os seus compromissos mútuos. Devem renová-los. Também sugerimos que mantenham uma reunião semanal para avaliar o relacionamento.

Vamos falar sobre a mágica que acontece em um relacionamento quando vocês decidem passar algum tempo sozinhos, por exemplo, uma vez por semana. Por que insistimos que isso deve ser feito de modo intencional? Porque, se vocês não planejarem e não se sacrificarem por isso, nunca vai acontecer. Não no mundo agitado de hoje.

* * *

Se você tivesse uma hora extra para passar com o seu parceiro na próxima semana, quais seriam as duas coisas que você faria? Para nós, as manhãs de domingo são uma boa ocasião. Eu ainda estou de pijama e John costuma dizer: "Ei, pegue a sua agenda e vamos conversar por dez minutos." Quem não tem dez minutos? Basta que um de vocês sugira isso. Um dos dois precisa ter isso em mente.

Por que passar um tempo juntos e sozinhos? Por que fazer uma reunião semanal para avaliar o relacionamento? Porque, se você não colocar o seu relacionamento em primeiro lugar, o seu parceiro não terá valor para você, e talvez ele não tenha plena confiança no seu relacionamento. Se você não se sente valorizado, o seu nível de confiança diminui.

■ PRIORIZANDO A SUA PARCERIA PARA O SUCESSO DO CASAMENTO

Já foi afirmado que, hoje em dia, a principal causa para rompimento nos relacionamentos é o mesmo problema que está na origem da infidelidade — os casais não estão priorizando suas parcerias. As pessoas gastam o tempo com a carreira, com filhos, assuntos comunitários, hobbies, esportes, mas subestimam o parceiro. E não é exatamente assim que funciona. Em outras palavras, para ter um relacionamento forte, o seu parceiro deve vir em primeiro lugar, antes de tudo e de todos, até mesmo dos seus filhos.

Pratique o Hábito 3

Agora vamos colocar o Hábito 3 à prova. **Acreditamos que você fará escolhas melhores colocando as coisas mais importantes em primeiro lugar e isso trará mais felicidade para você e para as pessoas com quem convive.**

Primeiro o mais importante: parece bem fácil, mas pode ser muito difícil com tantas outras coisas sendo consideradas igualmente importantes. Encontre um momento de silêncio todos os dias pela manhã, livre-se das distrações e planeje as suas atividades mais importantes — isso inclui criar tempo para você e para o seu relacionamento.

■ ARRANJANDO TEMPO PARA O NOSSO TEMPO

Os casamentos altamente eficazes colocam as coisas mais importantes em primeiro lugar, identificando:

- As pedras mais preciosas: O que é mais importante.
- As pedras menos preciosas: O que é menos importante.

Se você não colocar primeiro as pedras mais preciosas em sua lista, dificilmente elas caberão depois. Quando você coloca essas pedras primeiro, começa a sentir uma profunda sensação de paz interior.

Stephen R. Covey

■ ARRANJANDO TEMPO PARA AS NOSSAS PEDRAS MAIS PRECIOSAS

Os casais correm o risco de perder a noção do que é mais importante. Focar e trabalhar em prol das pedras preciosas pode ajudar a gerar comunicação e confiança. Na maioria dos casamentos, duas delas são.

- Passar um tempo juntos
- Criar tradições

Pedra mais preciosa nº 1: Passar um tempo juntos

Quando passamos um tempo juntos, realizamos grande parte do trabalho mais importante de um casamento. É o momento em que as conexões mais profundas podem se estabelecer.

Pense em um momento significativo que você e o seu parceiro tenham passado juntos; em seguida, preencha os espaços a seguir:

O tempo que passamos juntos foi especial porque:

- _____
- _____
- _____
- _____
- _____

Quais são algumas atividades que o seu parceiro gostaria de fazer em conjunto?

Liste as atividades a serem feitas em conjunto

- _____
- _____
- _____
- _____
- _____

Pedra mais preciosa nº 2 — Criar tradições — Como elas nos unem?

- _____
- _____
- _____
- _____
- _____

■ **ATIVIDADES COM SEU/SUA CÔNJUGE/PARCEIRO(A)**

Se você e o seu parceiro não estão utilizando nenhum sistema de planejamento, criem um agora (trata-se de um ótimo presente e é um investimento que valerá a pena no longo prazo). Se preferem o meio eletrônico ao impresso, não há nenhum problema. Existe uma ampla variedade de recursos on-line e aplicativos.

Peça ao seu parceiro para fazer uma lista do que considera ser a maior perda de tempo e o que sugere fazer a respeito.

Planejem o tempo como casal, só vocês dois. Além disso, separem algumas horas, uma vez por semana, para o tempo a ser vivenciado em família — assistir a um filme, sair para comer, jogar, preparar o jantar juntos, enfim, aquilo que for mais adequado a todos. Separe esse tempo e transforme-o em uma tradição — todos na família deveriam reservar esse horário em suas agendas.

"NOS RELACIONAMENTOS, AS COISAS PEQUENAS SÃO AS GRANDES COISAS."

STEPHEN R. COVEY

Hábito 4 • Pense ganha/ganha
Desenvolvendo a confiança no seu relacionamento

JANE: Hábito 4, Pense ganha/ganha.

JOHN: O Hábito 4 é Pense ganha/ganha. Não se trata de eu ganhar e você perder: é pensar em benefício mútuo, ou seja, que nós dois podemos ganhar. Estamos falando sobre o que significa pensar assim. Quando os casais pensam ganha/ganha, estão dizendo: "Eu quero o que é melhor para você e também o que é melhor para mim." Lembre-se de que, em um casamento, uma perda para qualquer um dos dois é uma perda para o relacionamento.

JANE: O Hábito 4, Pense ganha/ganha, está relacionado ao modo de funcionamento dos relacionamentos. Os relacionamentos são como uma conta bancária — nesse caso, uma conta bancária emocional. Todos os dias você faz depósitos ou saques emocionais da conta bancária emocional do seu parceiro.

Vamos considerar alguns depósitos e saques de Sheree e Lejuan, que estão juntos há 15 anos.

São 8 horas da manhã de sábado e Sheree diz: "Bom dia, querido. Fiz sua omelete de queijo favorita."

8h15: "Lavei a roupa, Lejuan, e deixei as suas meias e camisetas limpas dobradas em cima da cama."

8h25: "O caloteiro do seu irmão ligou de novo. Deve querer pedir mais dinheiro. Por que você deixa ele fazer isso?"

9h: "Hoje, ao meio-dia, é o jogo de futebol da Kaylee. Seria ótimo se, para variar, você aparecesse. A menos, é lógico, que esteja muito ocupado assistindo ao jogo de futebol na TV."

Agora estamos na parte da tarde.
17h30: "Obrigada por lavar o meu carro. Que bela surpresa, Lejuan."
17h35: "A minha mãe ligou e você se esqueceu de me avisar? Muito obrigada."
18h: "Você quer nos levar para jantar? Ei, me dei bem."
21h30: "Desligue essa televisão, Lejuan. Você só pensa em futebol."
22h: "Você deixou as latas de refrigerante e os pratos no chão. Você é um porcalhão. Sou sua empregada, por acaso? Você gosta de me ouvir gritar?"

Se você fosse Lejuan, afinal de contas, como se sentiria sobre seu relacionamento? Cheio de altos e baixos? Os saques teriam superado os depósitos?

■ A CONTA BANCÁRIA EMOCIONAL REPRESENTA A QUALIDADE DO RELACIONAMENTO QUE VOCÊ TEM COM OS OUTROS

Agora pense na sua parceria. Você faz depósitos regulares na conta bancária do relacionamento do seu parceiro ou está sempre fazendo retiradas? As suas palavras e ações estão contribuindo para a relação de confiança entre vocês, ou estão enfraquecendo-a? Lembre-se: para ter uma parceria estável, você precisa fazer pelo menos cinco depósitos para cada saque.

Às vezes acreditamos estar realizando um depósito para o nosso parceiro, mas, em vez de fazer um depósito emocional, é possível que, na verdade, estejamos fazendo um saque emocional.

Vamos dar uma olhada no caso de Giulia e Al.

Giulia e Al estavam casados fazia três anos. Eles tinham um bebê e Al havia retornado recentemente de uma missão no Iraque. Giulia sentia que eles precisavam dar uma espairecida juntos e então planejou uma divertida viagem de três dias para a Califórnia, com hospedagem em um bom hotel. A mãe dela ficou com o bebê. Duas semanas depois de chegarem em casa, Giulia ouviu Al falando ao telefone com o irmão: "Sabe aquela viagem à Califórnia que fiz com Giulia? Adorei estar com ela, mas, cara, eu estava doido para voltar para casa." Assim que Al desligou, Giulia o confrontou:

— Você disse que não via a hora de voltar para casa? — Ela estava quase chorando. — Como você pôde pensar assim?

— Sinto muito, Giulia, mas preciso lhe contar como essa viagem me afetou. Na primeira manhã, você disse: "Al, essa viagem é para você. O que quer fazer?" Eu respondi: "Vamos nadar e caminhar na praia." E você retrucou: "Ah, não, eu odeio o sol, faz mal para a minha pele; vamos às compras." "Ok", eu suspirei. Então, você perguntou: "Aonde você quer ir jantar esta noite, Al?" Depois de ter sido arrastado por várias lojas o dia inteiro, eu sugeri: "Que tal uma boa comida mexicana?" "Não, não, eu quero uma sopa e uma salada." "Está bem." Na manhã de domingo, você perguntou: "Qual é a ideia para hoje, Al?" "Golfe, um campo com nove buracos." "Ah, não, acho que devemos ir a um jogo." "Está certo." Querida, todos os dias você me perguntava o que eu queria fazer, e aí fazíamos exatamente o que você queria. Eu estava feliz por estar com você, mas...

— Por que você não me disse nada? — perguntou Giulia.

— Porque você planejou isso tudo, e eu amo você, e eu queria agradá-la.

— Como isso foi acontecer? — Giulia se questionou. — O que deu errado? Para mim foi uma viagem perfeita. — Giulia acreditou que a viagem havia representado um grande depósito para Al, mas, em vez disso, não passou de um grande saque.

Como esse tipo de coisa acontece? Quem decide o que é um depósito: aquele que doa ou aquele que recebe? Aquele que recebe. Giulia planejou a viagem para Al e presumiu que, como ela gostava de saladas e de fazer compras, Al também deveria gostar. Descubra o que o seu parceiro considera um depósito e informe-o sobre o que é um depósito para você.

JOHN: A maioria dos casais tem uma noção razoavelmente boa do que o parceiro entende por um depósito emocional significativo, mas às vezes há uma confusão. As pessoas pensam que estão fazendo um depósito quando, na verdade, estão fazendo uma retirada. Agora, vamos colocar em uma linguagem que ambos os parceiros possam usar para ir direto ao assunto. Às vezes basta dizer: "Amor, me diga o que seria uma vitória para você. Agora vou lhe dizer o que seria uma vitória para mim." Isso requer tempo e escuta, uma escuta verdadeira, até que dê certo.

■ O QUE SÃO DEPÓSITOS E RETIRADAS?

Os depósitos geram e restauram a confiança. As retiradas quebram a confiança existente no seu relacionamento. Considere os seguintes exemplos:

Depósitos	Retiradas
Seja gentil.	Seja indelicado.
Seja honesto.	Minta.
Peça desculpas.	Dê desculpas hipócritas.
Seja leal com aqueles que não estão presentes.	Faça fofoca sobre as pessoas.
	Não cumpra promessas.
Faça e cumpra promessas.	Não guarde segredos.
Guarde segredos.	Seja rancoroso. Vingue-se.
Perdoe.	Diga uma coisa, faça outra.
Sirva de exemplo para os seus valores.	

Descreva uma ocasião recente em que o seu parceiro fez um "depósito" em sua conta bancária emocional. Qual foi o depósito? Como você se sentiu?

- _____
- _____
- _____
- _____
- _____

Quando tiver concluído esta lista, compartilhe-a com o seu parceiro. Peça a ele que compartilhe a lista dele com você.

■ ATIVIDADE: CONSTRUINDO A CONTA BANCÁRIA EMOCIONAL COM O MEU PARCEIRO:

Depósitos que pretendo realizar:

_____

_____

Saques que evitarei fazer:

_____

_____

JANE: Willem e Carlotta também vêm enfrentando alguns desafios. Vamos ver se eles estão se encaminhando para uma situação ganha/ganha ou ganha/perde.

Willem e Carlotta estão juntos há 22 anos. Eles não têm filhos e moram na cidade. Um dia, Carlotta disse a Willem:

— Nem pense em me convidar para ir a mais alguma festa da sua empresa. Não gosto de nenhum dos seus colegas e não tenho nada em comum com as esposas deles. Dos colegas solteiros eu gosto ainda menos.

Willem respondeu:

— Carlotta, isso é muito importante para mim.

— Não, para mim chega.

E Willem sabia que ela estava falando sério.

Duas horas depois, Willem propôs:

— Ei, Carlotta, vamos comprar um pacote de viagem neste inverno e passar alguns fins de semana nas pistas de esqui?

— Willem, vá com o seu irmão. Você sabe que odeio o frio e não quero mais saber de esquiar.

Mais tarde, Carlotta disse a Willem:
— Ei, Will, comprei ingressos para a temporada sinfônica e Anna não pode mais ir comigo. Você pode ir, por favor? É apenas uma vez por mês, durante quatro meses.
— Não — respondeu Willem. — Se é para gastar tanto dinheiro assim, prefiro ir a um jogo de basquete. Chame outra pessoa.
Carlotta e Willem estão em uma situação ganha/perde.

■ CONSIDERE AS VITÓRIAS DOS OUTROS — E A SUA PRÓPRIA

Casamentos altamente eficazes possuem paradigmas de abundância, em que todos podem sair ganhando. Relacionamentos saudáveis têm como base o pensamento ganha/ganha. Parcerias eficazes equilibram coragem com respeito para buscar uma situação ganha/ganha.

Quando você começa a pensar assim e para de pensar ganha/perde, o que será que acontece com o seu relacionamento? Toda a cultura do seu relacionamento muda. Você começa a pensar "O que é melhor para nós?" e não apenas o que é melhor para você.

Em uma parceria, mesmo que algo possa ser visto como uma vitória para você, se aquilo representar uma perda para o seu parceiro, então será uma perda para o seu relacionamento. Se não for uma vitória para o relacionamento, não será uma vitória para você. É possível pensar o seguinte: "Quero que tudo seja uma vitória para o meu parceiro — onde vivemos, como gastamos o dinheiro, o que fazemos..." Mas isso também não é saudável. Precisa ser uma vitória para ambos. É mais saudável pensar o seguinte: "Eu também quero que seja uma vitória para mim. Não quero vivenciar uma situação perde/ganha."

Portanto, devemos ouvir, compartilhar e conversar. Isso exige tempo, paciência e prática. Mas vale a pena, porque pode salvar o seu relacionamento. Não tenho como julgar que tipo de vitória um período de férias, jogos de futebol e o dinheiro representam para você, e você também não é capaz de avaliar a minha posição a respeito, a menos que conversemos sobre isso e que escutemos um ao outro com toda a intenção de entender.

JOHN: Quando procuro uma vitória para você em todas as coisas, estou dizendo: "Eu amo você, você é importante para mim." Quando você procura saber o que seria uma vitória para mim, você está retribuindo: "Eu me importo com você, quero que seja feliz." Isso é o que significa buscar uma situação ganha/ganha em um casamento.

Pensar ganha/ganha incentiva os benefícios de uma parceria equitativa no casamento. Uma parceira equitativa significa que nenhum dos parceiros deveria dominar o outro.

Pratique o Hábito 4

Agora vamos colocar à prova aquilo que o Hábito 4 nos promete.

Nós lhe prometemos que, se você pensar ganha/ganha em vez de ganha/perde ou perde/ganha ou se pensar apenas em ganhar, fará escolhas melhores, que trarão mais felicidade para você e para aqueles com quem convive.

■ PENSANDO GANHA/GANHA

A abordagem ganha/ganha ocorre quando todas as pessoas envolvidas em determinada situação identificam uma vitória para si e para as outras. As vitórias podem ser capturadas em um gráfico T, mostrado a seguir. Considere esta citação do Dr. Covey:

> *A longo prazo, se não resultar em uma vitória para os dois lados, ambos perdem. É por isso que a abordagem ganha/ganha nos relacionamentos é a única alternativa real.*
> *Stephen R. Covey*

Pense em uma situação em que você não está obtendo os resultados que deseja. Identifique o que seria uma vitória para você. Pergunte ao seu parceiro o que seria uma vitória para ele.

Qual é a situação?

O que você considera uma vitória?	O que seria uma vitória para o seu parceiro?

"TEMOS A TENDÊNCIA DE QUERER NOS APRESSAR E CONSERTAR AS COISAS DANDO BONS CONSELHOS, SEM ENTENDER A REALIDADE DO PROBLEMA PRIMEIRO. ISSO É COMO OBRIGAR ALGUÉM A USAR OS MEUS ÓCULOS, NA ILUSÃO DE QUE ASSIM A PESSOA ENXERGARÁ MELHOR."

Stephen R. Covey

Hábito 5 • Procure primeiro compreender, depois ser compreendido
Chegando ao cerne da comunicação

O Hábito 5 é ouvir primeiro e depois falar. O oposto é falar tudo o que bem entender e ouvir muito pouco — ou não ouvir nada. O Hábito 5, ouvir primeiro, é ouvir com a intenção de compreender como o outro se sente. O Hábito 5 é ouvir com o coração e com os olhos, e não apenas com os ouvidos. Quando, e somente quando, o seu parceiro se sentir compreendido, aí sim será a sua vez de falar.

JANE: Jens foi criado em uma pequena fazenda de laticínios. Quando tinha 14 anos, os irmãos mais velhos se casaram ou foram para a faculdade, e o deixaram cuidando da fazenda com o pai. Jens e o pai costumavam trabalhar juntos na fazenda todos os dias de suas vidas, mas nunca se falavam. Eles conversavam sobre o trabalho, mas nunca compartilhavam seus sentimentos. Jens adorava livros, todos os tipos de livros, e odiava o trabalho na fazenda, mas nunca compartilhou tais sentimentos com o pai. Quando completou 18 anos, chegou a sua vez de ir para a faculdade. Ele deixou aquela pequena cidade, a fazenda e sua família para trás, e nunca mais voltou para nenhuma delas. Seus pais eram boas pessoas, mas nunca chegaram a conhecer Jens de verdade.

Que tragédia. É possível viver lado a lado em um relacionamento sem nunca compartilhar verdadeiramente os sentimentos uns com os outros? As pessoas que não compartilham sentimentos não se sentem compreendidas e tendem a ser muito solitárias.

JOHN: A comunicação é essencial para compreender os sentimentos das outras pessoas, porque você não pensa, enxerga ou experimenta o mundo da mesma forma que o seu parceiro. Você diz a si mesmo: "Eu quero entendê-lo. Portanto, preciso ouvir primeiro e depois falar, para que eu consiga compreender a sua visão sobre as coisas e como você se sente. O modo como você vê as coisas é importante para mim. E também quero que perceba a minha maneira de ver as coisas. Eu só quero que possamos compartilhar os nossos sentimentos."

JANE: Agora vou contar uma história sobre um jovem recrutador de uma empresa multinacional e sua esposa — uma história que poderia ter terminado em divórcio. Jamal é um jovem recrutador de uma empresa mundial. Ele e Chantel estão casados há três anos e têm um filho de 1 ano e 6 meses. Jamal é inteligente e trabalhador, e Chantel o ama e confia nele. O último ano trouxe uma grande tensão para o casamento, pois Jamal passou a viajar por todo o país recrutando colaboradores para sua empresa, mas sempre que voltava para casa, se mostrava cansado e pouco comunicativo. Chantel trabalhava em meio período, em home office. Ela ficava em casa com o bebê, e se sentia isolada e sozinha. Ela ligava para a mãe na Califórnia e contava como se sentia e o que estava acontecendo: "Mãe, você sabe o quanto eu amo o Jamal. Eu admiro tudo nele, mas estou me sentindo sozinha. Quando ele chega em casa de uma viagem de recrutamento, entra em casa e diz apenas 'Oi'. E quando pergunto sobre a viagem, ele dá de ombros e responde: 'Foi tudo bem.' Ele não compartilha o mundo comigo. Ele não se abre. Estou ficando triste. Eu preciso conversar e escutar. Eu me interesso pelo trabalho dele, porém ele não me conta nada. Ele nunca diz que sente a minha falta. Ele nunca diz que me ama. Minhas amigas e eu formamos grupos de apoio maravilhosos, mas preciso de um parceiro de verdade. Agora estou duvidando do amor de Jamal, e estou pensando seriamente em abandoná-lo e voltar para casa."

Duas semanas depois, Chantel ligou novamente para a mãe para contar o que tinha acabado de acontecer: a tensão entre Chantel e Jamal havia piorado e estava pesando demais sobre os dois.

HÁBITO 5 • PROCURE PRIMEIRO COMPREENDER, DEPOIS SER COMPREENDIDO

"Ontem à noite, quando ele voltou de viagem depois de uma semana longe e não disse nada novamente, eu estava decidida a ir embora e ir para a sua casa. Então, aconteceu uma coisa. Eu estava sentada no sofá da nossa sala de estar, com o monitor da babá eletrônica ligado, bem ao meu lado. Jamal entrou pela porta e foi direto para o quarto de Justin. Observando o bebê adormecido, Jamal começou a conversar baixinho com ele, dizendo: 'Amo você e a sua mãe mais do que tudo no mundo. Eu sinto muito por ter de deixar vocês dois sozinhos por tanto tempo. Eu morreria sem vocês dois. Talvez um dia eu possa lhe contar como me sinto.'"

Chantel ficou sentada na sala ouvindo a conversa pelo monitor e, quando Jamal saiu, ela o abraçou e disse: "Eu amo você, garotão, e sei que vale a pena salvar este casamento."

Aquele relacionamento deteriorado foi curado porque ambos desejaram fazê-lo funcionar e aprender habilidades de comunicação saudáveis e fortalecedoras.

Qual a importância de os casais compartilharem e ouvirem um ao outro? Isso leva tempo. É preciso ter habilidade. E isso também leva tempo. É questão de aprender, se comprometer e praticar, e aprender, se comprometer e praticar, uma e outra vez. Não espere por uma crise antes de se dedicar a isso.

PERGUNTA: Gostei do que você comentou sobre como é possível trabalhar em prol da felicidade do outro, e não com o intuito de torná-lo melhor. E isso me fez pensar em como os relacionamentos têm suas diferenças. Cada um dos dois acabará fazendo coisas que podem irritar ou tirar o outro do sério. Mas haveria uma maneira de avaliar quando seria apropriado trazer à tona coisas que desestabilizam o parceiro, ou quando seria melhor ficar em silêncio e administrar a situação?

JOHN: Chamamos isso de linha sensível. Nós sabemos quando ultrapassamos a linha sensível, não é mesmo? Portanto, a primeira coisa a fazer é estender a pausa por mais um minuto. Considere o seu dom da autoconsciência. Pense nas suas escolhas e, em seguida, nas consequências delas, e, então, você escolherá com base nos seus valores, e não nas circunstâncias, nem na predisposição, nem em qualquer outra coisa que o esteja incomodando naquele momento. Se o que o estiver desestabilizando for um problema seu, guarde isso para você. Se o que o estiver desestabilizando for nocivo ou prejudicial para o relacionamento, diplomaticamente coloque esse assunto na pauta de uma conversa direta e depois pratique o Hábito 5: ouça, ouça, ouça.

STEPHEN: Acho que o princípio é envolver o outro no problema e, em seguida, encontrar uma solução juntos. Isto é, se o problema for nunca termos tempo para conversar sobre as questões importantes e isso for algo preocupante para mim, então precisarei envolver o outro nisso. Talvez ambos estejam seguindo um roteiro diferente, e talvez você precise ser mais paciente, mais compreensivo, até que, aos poucos, seja possível chegar a algumas melhorias.

SANDRA: Quando nos casamos, havia papéis muito bem definidos para cada um, e compreendíamos essas funções. A mulher faz tal e tal coisa, e o homem faz tal e tal coisa. Quando a minha primeira filha deu à luz, ela e o bebê ficaram hospedados conosco. Um dia, Stephen desceu a escada carregando o bebê, deu banho nele e trocou sua roupa. Eu quase desmaiei.

Perguntei: "Ai, meu Deus, onde está Cynthia?"

"Ah, estou deixando ela dormir."

Fiquei pasma. Stephen nunca havia feito aquilo na vida. Eu me lembro de que, aos domingos, eu ficava muito brava, porque tinha os filhos para cuidar, e todo domingo eu gostava de preparar um bom jantar servido em louça de porcelana e tudo mais, para que as crianças vivenciassem semanalmente aquela tradição. E eu preparava tudo sozinha, colocava a mesa e aquecia o jantar no forno, enquanto Stephen se limitava a ir até o carro e dar uma buzinada.

E eu poderia tê-lo matado por causa disso. Como já foi dito, essas eram algumas das coisas que me incomodavam. Porém, com o passar dos anos, ele foi mudando. Foi ele quem teve a ideia de fazer um programa de dez minutos de duração após o jantar: todos trabalhariam por dez minutos. Alguém colocaria os pratos na lava-louça, alguém varreria o chão, todos limpariam tudo, todos fariam tudo. E então, aos poucos, com o passar dos anos, ele começou a me ajudar mais com as crianças.

Na vida e no casamento, pouco a pouco vocês vão ampliando a mente, vocês aprendem e mudam. E com o tempo e os depósitos na conta bancária emocional um do outro, vocês podem se sentir preparados para tocar nessa linha sensível. E vocês podem discutir alguns daqueles assuntos. E eu dizia: "Se você buzinar novamente em um domingo de manhã, será um homem morto." Considere, então, algumas daquelas coisas que o incomodam — às vezes você precisa enfrentá-las e falar sobre o que o incomoda. Outras vezes, é preciso apenas ter a esperança de que, mais cedo ou mais tarde, as coisas vão mudar e vão melhorar. Como eu já disse, no fim, acabei recebendo elogios pelos jantares que preparava e coisas assim. Recebi o meu sinal de vitória. Muitas vezes leva um tempo para mudar, mas as pessoas mudam. Por isso, mantenham a esperança.

STEPHEN: Precisei de cinquenta anos para aprender o que ela acabou de dizer. Acabamos de completar nosso 50º aniversário juntos e o meu amor por ela é infinitamente maior do que era no início. E, de repente, pensei que isso bastava.

Então, como se deve ouvir a outra pessoa para entender como ela se sente?

■ EIS AQUI TRÊS ETAPAS:

1. Leve o tempo que for necessário para abrir a comunicação — transforme-a em uma conversa franca a ser realizada reservadamente.
2. Evite ser um "fechador de portas".
3. Ouça primeiro e depois fale.

■ ABRA OS CANAIS DE COMUNICAÇÃO

Os "fechadores de portas" interrompem a comunicação. É por isso que, quando buscam entender primeiro, as pessoas altamente eficazes usam a estratégia de "abridores de portas".

Fechadores de portas	Abridores de portas
INVESTIGUE. Faça todo tipo de questionamentos.	Faça apenas perguntas elucidativas.
AVALIE. Analise e critique.	Não julgue os outros.
ACONSELHE. Dê conselhos não solicitados.	Aconselhe apenas quando for solicitado.
INTERROMPA. Fale sobre você.	Fique em silêncio. Use ouvidos, olhos e coração.
PRESSIONE. Mostre-se apressado ou indisponível.	Encontre tempo para ouvir.

■ INTENÇÃO + HABILIDADE

A intenção de um ouvinte é mais importante do que sua habilidade. Como diz o ditado: "As pessoas não se importam com quanto você sabe até que elas saibam quanto você se importa."

Lembra-se de quando conversamos sobre como era essencial passar um tempo juntos durante a semana? O gesto de ouvir para compreender não acontecerá apenas quando vocês estiverem sentados na sala de estar depois de terem deixado as crianças no cômodo ao lado, assistindo ao futebol nas noites de jogo, ou em um encontro do restante da família.

JANE: Pode acontecer quando vocês estiverem deitados na cama, em uma casa escura e silenciosa, despejando as piores coisas um no outro. Pode acontecer durante uma caminhada, ou enquanto desfrutam de uma bebida tranquilamente, logo após as crianças terem ido para a cama e a TV estar desligada, e quando o sono não estiver impedindo que um ouça o outro. Mas lembrem-se de que vocês têm de valorizar, planejar e executar isso — vocês têm de passar esse tempo juntos de forma intencional.

JOHN: Sendo assim, agora vocês finalmente arranjaram um tempo. E agora estão sozinhos.

Eis aqui três coisas que você NÃO DEVE fazer, de forma alguma, para o seu parceiro, ou ele irá se fechar e parar de compartilhar.

1. Não dê conselhos.
2. Não fale sobre você.
3. Não critique.

JANE: Sim, há um momento para fazer essas três coisas no seu casamento, mas não quando você deseja que o seu parceiro se abra e compartilhe seus sentimentos.

JOHN: Quero lhe revelar um dos maiores segredos que nos auxiliam na comunicação. Eu o chamo de "bastão da fala". A pessoa que está segurando o bastão tem o direito de falar e ninguém mais se pronuncia até ela terminar. O outro lado, então, deve repetir o que entendeu do que acabou de ser dito. Somente quando o orador se sentir compreendido é que ele abre mão do bastão, mas não até se sentir verdadeiramente ouvido e compreendido. Então, ele passa o bastão para a outra pessoa. Funcionou no nosso caso e é uma ótima ideia para fortalecer o seu relacionamento.

STEPHEN: Se você acabar se desentendendo com uma pessoa querida, poderá escolher a resposta compassiva e empática. Um especialista diz: "Se você pisar no calo de um membro da família, ou se o seu parceiro, no calor do momento, disser algo para irritá-lo ou aborrecê-lo, trate isso como uma falha de comunicação — um convite para descobrir os motivos pelos quais vocês têm trabalhado com objetivos opostos." Gosto dessa abordagem. Você tem o poder de decidir se deve ficar ofendido ou se deve entender a história que o seu ente querido está contando a si mesmo. Um momento de tensão pode levar a um vínculo mais forte, em vez de uma ruptura entre vocês, desde que usem essa oportunidade como uma abertura para a sinergia.

Em nossa cultura de querer consertar as coisas, de ir direto ao ponto, de resolver os problemas, perdemos grande parte da perspectiva, pois não temos paciência para as histórias dos outros, para a complexa história de luta, sofrimento, perda e triunfo que é única a cada um de nós. Achamos que já sabemos tudo. Os especialistas afirmam: "Uma das maiores dificuldades na construção de relacionamentos é que nem sempre conseguimos enxergar nítida ou completamente dentro do coração, da mente e das experiências do outro. Isso é ainda mais problemático no casamento, no qual, com base nos anos (ou, às vezes, apenas nos meses) de experiência, pensamos conhecer os nossos parceiros inteiramente." Como resultado, desdenhamos, evitamos e deixamos de ouvir as histórias alheias. Em vez de ouvir uns aos outros, nos isolamos e isolamos os nossos filhos do conflito. O resultado é um "déficit de empatia".

Pratique o Hábito 5

Agora vamos analisar o que o Hábito 5 nos promete. Acreditamos que, se você ouvir primeiro — isto é, se tentar primeiro compreender, depois ser compreendido —, e falar apenas depois que o seu parceiro se sentir compreendido, então fará escolhas que trarão mais felicidade para você e para aqueles com quem convive.

▪ ESCUTE COM EMPATIA

A escuta eficaz é essencial em todos os relacionamentos. Para ajudar as pessoas a se sentirem compreendidas em situações de maior carga emocional, pratique a escuta empática com os seus olhos, ouvidos e coração.

Os segredos da escuta empática
- Escute com os ouvidos, os olhos e o coração. Esteja atento à linguagem corporal, ao tom de voz e à escolha das palavras.
- Escute com atenção e, muitas vezes, você nem precisará dizer nada.
- Com as suas próprias palavras, traduza o que a outra pessoa está sentindo e dizendo.

▪ PRATIQUE A ESCUTA EMPÁTICA

A escuta empática tenta enxergar as coisas do ponto de vista do outro. Ela é ainda mais necessária quando as emoções estão exaltadas. Para escutar com empatia:

1. Traduza o SENTIMENTO que você está ouvindo, observando ou percebendo vir da outra pessoa.

2. Repita, com as suas palavras, o CONTEÚDO do que está sendo dito.

"Você parece estar se sentindo SENTIMENTO (zangado, frustrado, triste, animado, nervoso, envergonhado, confuso, desanimado etc.) por causa de/com CONTEÚDO" (tópico ou palavra extraídos daquilo que foi dito)."

Experimente. Escreva uma resposta empática para o seguinte cenário.

Parceiro 1: Quantas vezes tenho de pedir para você esvaziar o lixo?
Parceiro 2: Você parece estar se sentindo _____ por causa de/com _____.

■ RESPEITOSAMENTE, PROCURE SER COMPREENDIDO

Ao procurar ser compreendido, você pode proporcionar elucidação e resposta objetiva, sem atacar o caráter da pessoa.

■ DIRETRIZES

1. Use a linguagem corporal, o tom e as palavras adequadas. Não destrate as pessoas.
2. Use declarações iniciadas com "Eu". Concentre-se no SENTIMENTO e no CONTEÚDO, não em ataques pessoais.

Não faça isto: "Você está me excluindo das coisas." "Você é desagradável." *Ataque.*

Faça isto: "Eu sinto que eu estou sendo excluído das coisas." *Feedback construtivo.*

Use as etapas a seguir para exercitar maneiras de dar um feedback construtivo a uma variedade de situações.

Etapa 1: Quando eu... (Exemplos: sinto que você não confia em mim, vejo você ao telefone muito tempo etc.)

Etapa 2: Eu me sinto... (Exemplos: triste, zangado, preocupado, excluído etc.)

"SOZINHOS, CONSEGUIMOS FAZER POUCO. JUNTOS, PODEMOS FAZER MUITO."

HELEN KELLER

Hábito 6 • Crie sinergia
Considerando os pontos fortes de cada um

O que significa sinergia? Significa que 1 + 1 = 3 ou mais.

Gostaria de dar um exemplo. Se pegarmos um sarrafo de madeira de 5 cm x 10 cm, ele aguentará 136 quilos, sem quebrar. Mas, quando colamos dois sarrafos de madeira de 5 cm x 10 cm, eles conseguem suportar mais de 450 quilos. E por quê? Porque a relação agregadora produzida pela união das duas unidades lhes confere mais força do que elas teriam se consideradas isoladamente.

* * *

Sinergia é trabalho em equipe. É celebrar diferenças. É ter a mente aberta e cooperar para produzir mais do que seria possível produzir sozinho. Não *existe* sinergia na sua parceria se você estiver trabalhando de forma independente ou continuar pensando que tem sempre razão.

STEPHEN: A parceria é uma terceira alternativa. Ela começa como um casamento literal entre dois seres humanos únicos e entre duas culturas. Se for norteada pelos paradigmas de respeito e empatia por si mesmo e pelo parceiro, o resultado é uma terceira cultura, um relacionamento novo e ilimitadamente frutífero, em que poderemos encontrar as nossas mais profundas alegrias e as nossas mais intensas satisfações.

Criamos uma família de terceira alternativa adotando, deliberadamente, a mentalidade de sinergia: não é do meu jeito, não é do seu jeito, mas do *nosso* jeito — um jeito aprimorado e melhor. Nos esforçamos para adotar essa mentalidade, buscando persistentemente a terceira alternativa em todas as nossas interações importantes. Como administrar o dinheiro, equilibrar a carreira, criar os filhos, promover a intimidade — todas essas são questões importantes e precisam ser tratadas sob a perspectiva da sinergia.

Então, como duas pessoas trabalham juntas de forma criativa quando enxergam quase tudo de maneiras diferentes? Qual é o segredo para fazer isso dar certo?

■ DUAS REGRAS

Primeiro, vocês devem valorizar um ao outro com toda a sinceridade.

Em segundo lugar, devem reconhecer os pontos fortes de cada um. Todo mundo tem um valor, todo mundo tem pontos fortes.

JANE: Eu gostaria de falar sobre Brian e Charity. Eles se casaram logo após terminar o ensino médio. Brian começou a trabalhar para uma empresa de entregas e já está com eles há 12 anos. É um bom emprego. Se ambos forem cuidadosos, com o trabalho de meio expediente de Charity, eles conseguirão viver confortavelmente.

Um dia, Brian voltou do trabalho e anunciou: "Quero fazer um curso superior. Estou pensando em me matricular em uma faculdade noturna e me formar em administração de empresas. Exigiria um grande esforço."

Charity reagiu da seguinte forma: "Faça isso, querido, você sempre quis fazer. Eu posso aumentar um pouco as minhas horas de trabalho."

Brian fez a prova, passou e, ao término do primeiro semestre, ele estava sentado diante de seu orientador educacional.

"Bem, as suas notas do primeiro semestre indicam que a sua compreensão de leitura talvez esteja abaixo do nível universitário e que as suas habilidades de escrita criativa estão abaixo da média universitária. Você disse que gosta de matemática, mas tem tido dificuldades em contabilidade básica. Você veio me pedir uma orientação — você tem um bom emprego e três filhos para criar. Faça o que bem entender. Eu pesaria isso com bastante cuidado antes de continuar. É óbvio, só depende de você. Com um professor particular, talvez você consiga."

"Obrigado", disse Brian, antes de se levantar e voltar para casa, desanimado.

— Estou na média — ele resmungou —, talvez abaixo da média. E eu tentei tanto.
— Na média? — questionou Charity. — Na média! É este o Brian que eu conheço, que deixa a garagem impecavelmente organizada, anota tudo o que acontece e leva as coisas adiante? Este é o meu marido, que não vai para a cama à noite antes de ajudar as filhas com a lição de casa, o cara que treina o time de futebol feminino de uma escola do ensino fundamental só porque se preocupa com as meninas? Este é o cara que dá carona para a velhinha da esquina e a leva à igreja no domingo, porque ela não consegue ir sozinha? Meu melhor amigo e confidente, e ele acha que está na média? Brian não é mediano. — Charity continuou ponderando. — Ele é um campeão!

Assim como Charity, procure os pontos fortes do seu parceiro. Converse sobre eles, anote-os e pense neles. Mantenha-os em sua mente. Charity está certa: Brian não é mediano. Ele é um campeão.

Quando vocês optam pelo pensamento ganha/ganha — o que significa uma vitória para mim e o que significa uma vitória para o meu parceiro; quando escolhem ouvir primeiro para depois entender, e depois falar; e quando valorizam os pontos fortes um do outro, vocês estão criando sinergia. Vocês dois são melhores juntos do que qualquer um dos dois sozinho. Casamento é isso.

Eu gostaria de lhe fazer uma pergunta. *Qual é o ponto forte que o seu parceiro leva para o seu casamento?*

_____

_____

Também gostaria de lhe perguntar outra coisa. *Qual é o ponto forte que você leva para o seu casamento?*

_____

_____

Agora, recorte essas respostas e coloque-as onde você consiga vê-las todos os dias. Leia-as, reflita sobre elas e mantenha-as em sua mente. Convide o seu parceiro a fazer o mesmo. Pare de insistir nos pontos fracos e comece a se concentrar nos pontos fortes.

* * *

JANE: Estávamos no Havaí, ministrando o curso "Os 7 Hábitos das famílias". No grupo para o qual dávamos formação, havia um capelão do Exército dos Estados Unidos. Seu nome era Abdulla. Falávamos sobre agir intencionalmente para elogiar uns aos outros em nossas parcerias e também sobre fazer uma lista dos pontos fortes dos nossos parceiros. Depois da aula, Abdulla pegou um enorme pedaço de papel, levou para casa e colou na parede da sala de estar. Ele escreveu seu nome, o nome da esposa e o nome de cada filho.

Em seguida, ele deu às crianças um marcador colorido e pediu que elas escrevessem, abaixo de cada nome, um ponto forte que enxergavam naquela pessoa. No dia seguinte, Abdulla trouxe aquela grande e extensa folha de papel para a sala de aula.

Ele disse: "Quando a minha esposa viu o que as crianças tinham escrito embaixo do nome dela — 'está sempre presente', 'amorosa', 'paciente', 'me escuta' —, ela começou a chorar. Ela achou que ninguém na nossa família gostasse dela. Quando li o que escreveram embaixo do nome da minha esposa, eu também chorei."

Quando optam por reconhecer os pontos fortes um do outro, vocês criam sinergia. Uma parceria construída em torno da sinergia é um poderoso presságio de coisas boas para a família e para as gerações vindouras.

Pratique o Hábito 6

JOHN: Agora vamos analisar o que o Hábito 6, Crie sinergia, nos promete.

Acreditamos que, se você valorizar o seu parceiro e explorar seus pontos fortes em vez de se concentrar nos pontos fracos dele, criará mais felicidade para você e para os outros.

■ CELEBREM AS DIFERENÇAS

A sinergia ocorre quando todos os envolvidos conjugam seus pontos fortes únicos para alcançar melhores resultados do que alcançariam se estivessem trabalhando sozinhos. Duas regras para chegar à sinergia são:

1. Valorizem um ao outro.
2. Reconheçam os pontos fortes de cada um.

Valorizem um ao outro
Todo mundo quer se sentir necessário e valorizado. Pense no seu parceiro e conclua as seguintes frases:

1. O que mais admiro em você é...
2. Algo que aprendi com você foi...
3. Uma das minhas lembranças favoritas de você é...

Sinergia não é...	Sinergia é...
Tolerar as diferenças.	Celebrar as diferenças.
Trabalhar de forma independente.	Trabalhar em equipe.
Pensar que você tem sempre razão.	Ter a mente aberta.
Fazer concessões: 1 + 1 = 1½.	Encontrar uma terceira alternativa: 1 + 1 = 3 ou mais.

Reconheçam seus pontos fortes

Relacionamentos eficazes maximizam os pontos fortes de cada um e minimizam os pontos fracos. Eles reconhecem e respeitam verdadeiramente os diversos pontos fortes de cada um.

Anote alguns pontos fortes seus e do seu parceiro.

	Você	Seu parceiro
PONTOS FORTES		

Como os seus pontos fortes complementares contribuem para tornar o seu casamento mais robusto?

___

___

Nunca defina os membros da família por seus pontos fracos. Defina-os por seus pontos fortes.

Jane P. Covey

> "ESTE É O INVESTIMENTO MAIS PODEROSO QUE PODEMOS FAZER NA VIDA: O INVESTIMENTO EM NÓS MESMOS."
>
> Stephen R. Covey

Hábito 7 • Afine o instrumento
Renovando o espírito do relacionamento

JOHN: Por que o Hábito 7 é Afine o instrumento? Imagine que você esteja caminhando pela floresta e se depare com alguém serrando troncos furiosamente.

— O que você está fazendo? — você pergunta.

— Não está vendo? Estou serrando esses troncos para usar como lenha.

— Há quanto tempo você está aí?

— Há três horas, talvez quatro. Estou exausto.

— Está fazendo algum progresso?

— Não, na verdade não.

— Por que você não faz uma pausa e afia a sua serra?

— Não posso, seu idiota, estou muito ocupado serrando.

Bem, todos nós sabemos que, se ele fizesse uma pausa de 15 minutos para afiar a serra, provavelmente terminaria de duas a três vezes mais rápido. Você já esteve tão ocupado dirigindo que não quis perder tempo abastecendo o carro?

O Hábito 7, Afine o instrumento, se refere a manter afinados o seu eu pessoal e o seu casamento. Significa renovar e fortalecer regularmente as quatro dimensões fundamentais da vida: o corpo, a mente, o coração e o espírito. Stephen R. Covey disse: "Negligencie o seu corpo e ele se deteriorará. Negligencie o seu carro e ele se deteriorará. Assista à TV o tempo todo e a sua mente se deteriorará. Negligencie o seu casamento e ele se deteriorará. Qualquer coisa que não for atenciosamente cuidada e renovada vai se romper, se desestruturar e se deteriorar."

Afine o instrumento, o Hábito 7, significa cuidar de si mesmo como pessoa e isso, por sua vez, significa cuidar do seu relacionamento.

Vamos falar sobre você primeiro. Lembre-se de que, no avião, a comissária de bordo diz: "Em uma emergência, as máscaras de oxigênio cairão à sua frente. Coloque a sua máscara primeiro e, em seguida, ajude as pessoas ao seu redor." Por que você precisa colocar a sua máscara primeiro? Porque você precisa se cuidar para poder ajudar os outros.

Eu gostaria que você pensasse em si mesmo apenas por um momento. Sabemos quais exercícios devem ser praticados para manter o seu corpo em forma. Mas você é muito mais do que apenas o seu corpo. Você também tem uma mente que precisa continuar a se expandir e crescer, um coração que precisa ser cuidado com atenção e um espírito que precisa ser cultivado.

Gostaria que você fizesse um teste mental rápido para verificar como está se saindo nas quatro áreas a seguir.

Ao ler estas quatro perguntas, escreva o primeiro pensamento que surgir na sua mente:

1. O que você deveria fazer pelo seu corpo que não está fazendo?
2. O que você deveria fazer pelo seu coração, pela área emocional da sua vida, pelos seus relacionamentos, que não está fazendo?
3. O que você deveria fazer pela sua mente, o seu intelecto, que não está fazendo?
4. O que você deveria fazer pelo seu espírito que não está fazendo?

Que outras coisas lhe vêm à mente?

■ **AFINE O INSTRUMENTO:** Renovando o corpo, a mente, o coração e o espírito

Acesse a sua consciência

- Nutrição
- Segurança
- Exercícios
- Descanso
- Moradia

CORPO (VIVER)

CORAÇÃO (AMAR)
- Amor
- Aceitação
- Autoestima
- Confiança
- Ser compreendido

INDIVÍDUOS EFICAZES

- Conhecimento
- Progresso
- Desafio
- Descoberta
- Criatividade

MENTE (APRENDER)

ESPÍRITO (DEIXAR UM LEGADO)
- Significado
- Contribuição
- Prestar serviço
- Visão
- Propósito

Acabamos de identificar o que você deveria fazer para afinar o seu instrumento. Vamos identificar agora o que você poderia parar de fazer, coisas que podem estar impedindo-o de manter o seu instrumento pessoal afinado.

Mais uma vez, escreva aquilo que vier à sua mente ao ler estas perguntas.

1. Quando pensa no seu corpo físico, o que você deveria parar de fazer?
2. O que deveria parar de fazer com o seu coração? Que coisas prejudiciais você está fazendo ou vivenciando nos seus relacionamentos?
3. O que deveria parar de fazer com a sua mente?
4. O que deveria parar de fazer com o seu espírito? O que a sua consciência lhe diz?

■ PENSE EM UMA COISA...

O que você vai fazer? Pense em algo que você gostaria de começar a fazer, parar de fazer ou continuar a fazer em cada uma das áreas de renovação. Anote as respostas a essas perguntas nos círculos a seguir.

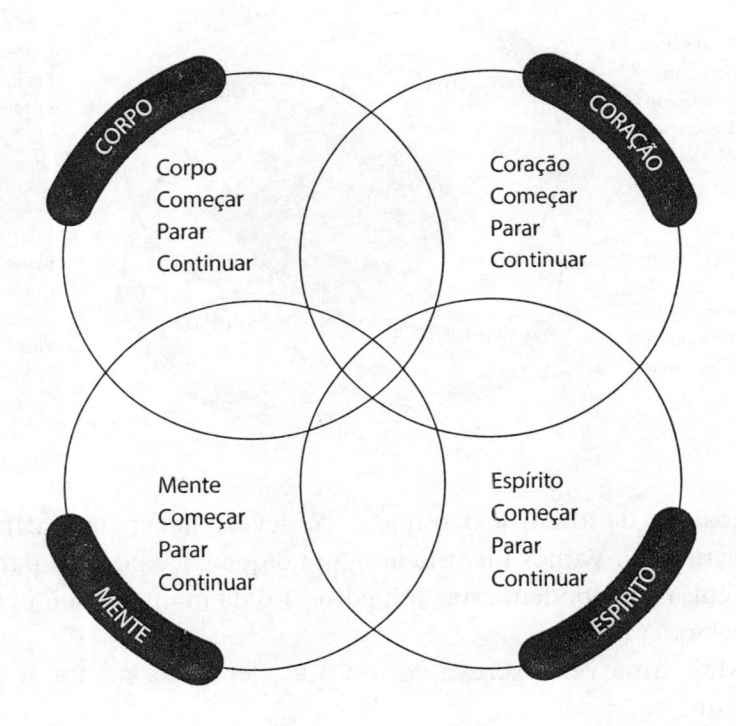

CORPO
Corpo
Começar
Parar
Continuar

CORAÇÃO
Coração
Começar
Parar
Continuar

MENTE
Mente
Começar
Parar
Continuar

ESPÍRITO
Espírito
Começar
Parar
Continuar

Aquilo que você faz para afinar o seu instrumento afetará intensamente tudo o que faz na vida.

JANE: Vamos conversar sobre como manter o seu relacionamento afinado. Aprofundar o seu nível de intimidade é muito importante para ajudar o seu casamento a se manter arejado, divertido e significativo. A intimidade no casamento envolve mais do que apenas a parte física. Trata-se de lidar com a pessoa como um todo e a sua inteira natureza.

- A dimensão física: o corpo.
- A dimensão mental: a mente.
- A dimensão emocional: o coração.
- E a dimensão espiritual: o espírito.
- Hoje em dia, a quem os casais recorrem para obter suas opiniões sobre o casamento? Onde vocês obtêm as suas? Junto à família, amigos, religião, filmes, redes sociais? Tudo isso pode influenciar as nossas perspectivas sobre o que o casamento deveria ser e sobre o que a intimidade deveria ser. É por isso que elas são tão importantes.
- É importante conversar, mas, sobretudo, ouvir um ao outro para descobrir as experiências pelas quais o seu parceiro já passou. Sabemos que o sexo faz parte da intimidade, mas e quanto a todo o resto que também é igualmente importante?
- Em algum momento, quando você e o seu parceiro estiverem fazendo uma caminhada juntos, ou quando estiverem deitados na cama à noite ou em um encontro, pergunte qual é o significado que ele atribui à intimidade. Há uma boa chance de você se surpreender com o que vai ouvir.

JOHN: Podemos lhe prometer que, ao praticar o Hábito 7, Afine o instrumento, em vez de negligenciar o seu corpo físico, a sua mente, o seu coração e o seu espírito, você fará escolhas que trarão mais felicidade para você e para aqueles com quem convive.

Pratique o Hábito 7

Presenteie-se afinando o seu instrumento. Invista tempo, esforço e, talvez, algum dinheiro no seu conjunto de habilidades, para que possa desempenhar melhor as suas obrigações. Avalie o que está fazendo para a sua saúde, e planeje mais horas de sono, exercícios e meditação.

■ ATIVIDADES COM SEU/SUA CÔNJUGE/PARCEIRO(A)

Incentive o seu cônjuge/parceiro a manter um diário conjunto, regularmente. Assinem publicações que tenham valor educativo ou leiam bons livros juntos (leiam em voz alta um para o outro). Entre em uma academia ou inicie um programa de exercícios regulares juntos.

Escolham uma organização em que vocês dois desejem prestar serviços voluntários. Visitem um novo museu ou experimentem um novo tipo de culinária — expandam os seus horizontes e testem coisas novas.

■ FORTALEÇA O SEU CORPO

Escolha uma maneira de aumentar a sua capacidade física na próxima semana:

- Defina o seu alarme — para a hora de dormir.
- Encontre uma maneira desafiadora de se mostrar ativo.
- Adicione um novo componente à sua rotina de exercícios: resistência, flexibilidade ou força.
- Agende e faça um check-up anual.

■ RENOVE O SEU ESPÍRITO

Escolha uma maneira de desenvolver a sua capacidade espiritual na próxima semana:

- Reavalie a sua missão pessoal.
- Passe algum tempo em contato com a natureza.
- Ouça ou componha músicas.
- Preste um serviço voluntário em sua comunidade.

■ AFINE A SUA MENTE

Escolha uma maneira de aprimorar a sua capacidade mental na próxima semana:

- Aprenda uma língua estrangeira (ou uma linguagem de computador).
- Leia um livro.
- Pratique um hobby.
- Visite um museu ou uma galeria de arte.

■ DESENVOLVA O SEU CORAÇÃO

Escolha uma maneira de estimular a sua capacidade social/emocional na próxima semana:

- Convide um amigo para jantar.
- Ligue ou envie uma mensagem de texto para um amigo com quem você não fala há bastante tempo.
- Mantenha um diário com aquilo porque você se sente grato.
- Conceda o perdão.

■ RESERVE UM TEMPO PARA SI MESMO

Permita-se reservar trinta minutos apenas para você mesmo, hoje e todos os dias da próxima semana.

■ DOMINE A SUA TECNOLOGIA

Faça uma das seguintes coisas hoje, com a finalidade de reduzir as distrações provocadas pela tecnologia:

- Bloqueie as notificações.
- Verifique as redes sociais apenas uma vez por dia.
- Estabeleça uma regra para jamais permitir que o seu dispositivo interrompa uma conversa.
- Desligue os seus dispositivos enquanto estiver com suas pedras mais preciosas.

■ COLOCANDO OS 7 HÁBITOS EM PRÁTICA

Conectando os hábitos com a vida

Concentre-se no mais importante. A vida é um contínuo processo de aprimoramento que acontece ao longo do tempo e que requer paciência.

Selecione apenas uma atividade a ser praticada na próxima semana para afinar o instrumento, seja individualmente ou com seu parceiro.

_____

_____

Escolha outra pedra preciosa que teria um grande impacto sobre você e o seu parceiro.

_____

_____

Conclusão

O casamento entre duas pessoas tem a ver com amor e compromisso. Tem a ver com se sentir seguro. Tem a ver com se sentir valorizado. Todos nós queremos ser tratados com respeito. Nunca perdemos o nosso desejo de ser acolhidos, protegidos e desejados. Como alguns casais acabam perdendo isso? Quando você começar a vivenciar esses 7 Hábitos, prometemos que fará escolhas que trarão mais felicidade para você e para os seus entes queridos.

JANE: Eu gostaria de encerrar com uma singela história sobre esperança.

Quando Teresa entrou na cozinha, Victor estava sentado sozinho em sua cadeira, olhando pela janela, vendo os filhos brincarem com os vizinhos. "Fui demitido de novo, Teresa. Parece que eu não fui feito para o trabalho que venho realizando. Sempre existe a possibilidade de eu voltar para os canteiros de obras, mas é desgastante para os meus joelhos."

Victor deixava transparecer um sentimento de desespero solitário.

Teresa atravessou a sala, colocou o braço ao redor do ombro dele e disse: "Podemos sair dessa. Nós vamos sair dessa."

Quando ela disse "nós", o ânimo de Victor melhorou e a esperança e a confiança retornaram ao seu coração.

Quando fazemos parte de uma parceria familiar desse tipo, deixamos de pensar apenas como "eu" para pensarmos como "nós".

JOHN: Ao concluir, precisamos situar os 7 Hábitos na estrutura dos quatro Cs do casamento:

- Compromisso
- Caráter

- Comunicação
- Companheirismo

Quando vivenciamos os Hábitos 1, 2 e 3, isso gera um **compromisso** com o **caráter** de alta confiabilidade. Quando vivenciamos os Hábitos 4, 5 e 6, desenvolvemos **comunicação** aberta. E o Hábito 7 estimula o **companheirismo** altruísta.

Voltemos ao início: à caixinha da parceria no casamento. A maioria das pessoas se compromete com uma parceria perpétua no casamento acreditando em um mito de que aquela parceria é uma linda caixinha, cheia de todas as coisas que sempre desejaram: companheirismo, realização sexual, intimidade, amizade. A verdade é que, no início, esse tipo de parceria não passa de uma caixa vazia. É preciso colocar algo naquela caixa antes de poder retirar qualquer coisa. Não há amor no casamento — o amor está dentro das pessoas e as pessoas colocam esse amor no casamento. Não há romantismo no casamento. As pessoas têm de incluir esse romantismo em seu casamento. O casal deve aprender a arte e formar o hábito de se dedicar, amar, servir, elogiar, mantendo continuamente a caixinha cheia.

Um provérbio quacre diz:

Você me eleva e eu o elevo, e nós ascenderemos juntos.

ESPAÇO PARA AS SUAS REFLEXÕES PESSOAIS

■ HÁBITO 1 — SEJA PROATIVO

_____
_____
_____

■ HÁBITO 2 — COMECE COM O OBJETIVO EM MENTE

_____
_____
_____

■ HÁBITO 3 — PRIMEIRO O MAIS IMPORTANTE

_____
_____
_____

■ HÁBITO 4 — PENSE GANHA/GANHA

_____
_____
_____

■ HÁBITO 5 — PROCURE PRIMEIRO COMPREENDER, DEPOIS SER COMPREENDIDO

_____
_____
_____

■ HÁBITO 6 — CRIE SINERGIA

_____
_____
_____

■ HÁBITO 7 — AFINE O INSTRUMENTO

_____
_____
_____

Definições dos 7 Hábitos

■ HÁBITO 1: SEJA PROATIVO

Os parceiros e familiares são responsáveis pelas próprias escolhas e têm a liberdade de escolher com base em princípios e valores, e não em estados de espírito ou condições externas. Eles desenvolvem e usam seus quatro dons humanos únicos — autoconsciência, consciência, imaginação e vontade independente —, além de adotar uma abordagem de dentro para fora a fim de implementar mudanças. Eles escolhem não se colocar no papel de vítima, não ser reativos nem culpar os outros.

■ HÁBITO 2: COMECE COM O OBJETIVO EM MENTE

Os parceiros moldam seu próprio futuro estabelecendo uma visão mental e um propósito para qualquer projeto, seja ele grande ou pequeno. Eles simplesmente não vivem o dia a dia sem um propósito definido em mente. A forma mais elevada de criação mental é a missão do casamento ou da família.

■ HÁBITO 3: PRIMEIRO O MAIS IMPORTANTE

Os cônjuges e parceiros organizam e executam suas prioridades mais importantes, conforme expressas em sua missão pessoal, do casamento e da família. Eles reservam horários semanais para a família e horários regulares para reforçar os vínculos pessoais. São movidos por um propósito, e não pelas agendas e forças que os cercam.

■ HÁBITO 4: PENSE GANHA/GANHA

Os membros da família pensam em termos de benefício mútuo: eles oferecem apoio e respeito mútuo. Eles pensam de forma interdependente — "nós", não "eu" — e estabelecem acordos ganha/ganha. Eles não pensam de forma egoísta (ganha/perde) ou como mártires (perde/ganha).

■ HÁBITO 5: PROCURE PRIMEIRO COMPREENDER, DEPOIS SER COMPREENDIDO

Os parceiros procuram primeiro ouvir, com a intenção de compreender os pensamentos e sentimentos dos outros; depois, procuram comunicar eficazmente os próprios pensamentos e sentimentos. Por meio da compreensão, constroem relacionamentos profundos de confiança e amor. Eles dão um retorno prestativo: não se recusam a dar um retorno nem tentam ser compreendidos primeiro.

■ HÁBITO 6: CRIE SINERGIA

Os parceiros prosperam nos pontos fortes de cada indivíduo e da família, para que, respeitando e valorizando as diferenças uns dos outros, o todo se torne maior que a soma das partes. Eles constroem uma cultura mútua de resolução de problemas e de aproveitamento de oportunidades. Fomentam um espírito familiar que cultive o amor, o aprendizado e a contribuição. Não buscam a concessão (1 + 1 = 1½) ou a mera cooperação (1 + 1 = 2), mas uma cooperação criativa (1 + 1 = 3... ou mais).

■ HÁBITO 7: AFINE O INSTRUMENTO

O relacionamento aumenta sua eficácia por meio da renovação regular nas esferas pessoal e familiar, em quatro áreas básicas da vida: física, social/emocional, espiritual e mental. Essas áreas estabelecem tradições que nutrem o espírito de renovação da parceria.

Sobre os autores

O **Dr. Stephen R. Covey** faleceu em 2012, deixando um legado incomparável de ensinamentos sobre liderança, gerenciamento de tempo, eficácia, sucesso, amor e família. Autor campeão de vendas, com milhões de cópias comercializadas de seus clássicos de autoajuda e negócios, ele se esforçou para ajudar os leitores a reconhecer os princípios que os levariam à eficácia pessoal e profissional. Sua obra seminal, *Os 7 hábitos das pessoas altamente eficazes*, transformou a maneira como as pessoas pensam e agem sobre seus problemas, por meio de um processo envolvente, lógico e bem definido.

Autoridade de liderança respeitada internacionalmente, especialista em família, professor, consultor organizacional e escritor, seus conselhos contribuem para o esclarecimento de milhões de pessoas. Ele vendeu mais de 40 milhões de livros (em cinquenta idiomas), e *Os 7 hábitos das pessoas altamente eficazes* foi considerado o Livro de Negócios Mais Influente do Século XX. Ele foi o autor de *A 3ª alternativa*, *O 8º hábito*, *The Leader in Me*, *Primeiro o mais importante* e muitos outros títulos. O Dr. Covey tinha MBA em Harvard e doutorado pela Universidade Brigham Young. Morava com a esposa e a família em Utah.

O **Dr. John Covey** é diretor e cofundador do Setor de Casa e Família da FranklinCovey e atuou como consultor sênior por muitos anos. John concluiu o mestrado em administração de empresas em Harvard e o doutorado em educação na Universidade Brigham Young. Foi professor universitário por sete anos, e trabalhou por mais de trinta anos aplicando sua experiência no setor privado.

Jane Parish Covey viajou muito como conferencista de negócios, educação e família. Ela também é coautora de *The Proactive Family Guidebook*. Publicou vários artigos sobre as relações entre pais e filhos. Nos últimos vinte anos, John e Jane têm trabalhado com milhares de pessoas em inúmeras apresentações e seminários sobre casamento e família em todo o mundo. Acima de tudo, praticam o que ensinam. Eles têm uma família magnífica. Sei que você vai apreciar este estilo de Perguntas & Respostas com o qual John e Jane fortalecem os casamentos, ancorados nos princípios e experiências pessoais de seus anos de ensino e aplicação dos 7 Hábitos nas vidas de milhares de pessoas.

■ **SOBRE A FRANKLINCOVEY**

A FranklinCovey é uma empresa global de capital aberto, especializada em melhoria de desempenho organizacional. Ajudamos organizações e indivíduos a alcançar resultados que exigem uma mudança no comportamento humano. Atuamos em sete áreas: liderança, execução, produtividade, confiança, desempenho de vendas, fidelidade do cliente e educação. Entre os clientes da FranklinCovey estão noventa por cemto dos listados na *Fortune® 100*, mais de 75 por cento dos listados na *Fortune® 500*, milhares de pequenas e médias empresas, bem como várias entidades governamentais e instituições educacionais. A FranklinCovey tem mais de cem escritórios diretos e em sociedade, fornecendo serviços profissionais em mais de 160 países e territórios.

Este livro foi composto na tipologia Minion Pro,
em corpo 12/14,5, e impresso em
papel off-white no Sistema Cameron da
Divisão Gráfica da Distribuidora Record.